心一堂術數古籍珍本叢刊

書名：秘鈔本鐵板神數（三才八卦本）（二）
系列：心一堂術數古籍珍本叢刊　星命類　神數系列　第三輯　295
作者：舊題【宋】邵雍
主編、責任編輯：陳劍聰
心一堂術數古籍珍本叢刊編校小組：陳劍聰　素聞　鄒偉才　虛白盧主　丁鑫華

出版：心一堂有限公司
通訊地址：香港九龍旺角彌敦道六一〇號荷李活商業中心十八樓〇五—〇六室
深港讀者服務中心·中國深圳市羅湖區立新路六號羅湖商業大廈負一層〇〇八室
電話號碼：(852)9027-7110
網址：publish.sunyata.cc
電郵：sunyatabook@gmail.com
網店：http://book.sunyata.cc
淘寶店地址：https://sunyata.taobao.com
微店地址：https://weidian.com/s/1212826297
臉書：https://www.facebook.com/sunyatabook
讀者論壇：http://bbs.sunyata.cc/

版次：二零二一年五月初版
平裝：四冊不分售

定價：港幣　八百八十元正
　　　新台幣　三仟八百八十元正

國際書號：ISBN 978-988-8583-87-4

香港發行：香港聯合書刊物流有限公司
地址：香港新界荃灣德士古道二二〇—二四八號荃灣工業中心十六樓
電話號碼：(852)2150-2100
傳真號碼：(852)2407-3062
電郵：info@suplogistics.com.hk
網址：http://www.suplogistics.com.hk

台灣發行：秀威資訊科技股份有限公司
地址：台灣台北市內湖區瑞光路七十六巷六十五號一樓
電話號碼：+886-2-2796-3638
傳真號碼：+886-2-2796-1377
網絡書店：www.bodbooks.com.tw
台灣秀威書店讀者服務中心：
地址：台灣台北市中山區松江路二〇九號一樓
電話號碼：+886-2-2518-0207
傳真號碼：+886-2-2518-0778
網絡書店：http://www.govbooks.com.tw

中國大陸發行　零售：深圳心一堂文化傳播有限公司
深圳地址：深圳市羅湖區立新路六號羅湖商業大廈負一層〇〇八室
電話號碼：(86)0755-82224934

心一堂微店二維碼

心一堂淘寶店二維碼

心一堂術數古籍 珍本 整理 叢刊 總序

術數定義

術數，大概可謂以「推算（推演）、預測人（個人、群體、國家等）、事、物、自然現象、時間、空間方位等規律及氣數，並或通過種種『方術』，從而達致趨吉避凶或某種特定目的」之知識體系和方法。

術數類別

我國術數的內容類別，歷代不盡相同，例如《漢書・藝文志》中載，漢代術數有六類：天文、曆譜、五行、蓍龜、雜占、形法。至清代《四庫全書》，術數類則有：數學、占候、相宅相墓、占卜、命書、相書、陰陽五行、雜技術等，其他如《後漢書・方術部》、《藝文類聚・方術部》、《太平御覽・方術部》等，對於術數的分類，皆有差異。古代多把天文、曆譜、及部分數學均歸入術數類，而民間流行亦視傳統醫學作為術數的一環；此外，有些術數與宗教中的方術亦往往難以分開。現代民間則常將各種術數歸納為五大類別：命、卜、相、醫、山，通稱「五術」。

本叢刊在《四庫全書》的分類基礎上，將術數分為九大類別：占筮、星命、相術、堪輿、選擇、三式、讖諱、理數（陰陽五行）、雜術（其他）。而未收天文、曆譜、算術、宗教方術、醫學。

術數思想與發展——從術到學，乃至合道

我國術數是由上古的占星、卜筮、形法等術發展下來的。其中卜筮之術，是歷經夏商周三代而通過「龜卜、蓍筮」得出卜（筮）辭的一種預測（吉凶成敗）術，之後歸納並結集成書，此即現傳之《易

經》。經過春秋戰國至秦漢之際，受到當時諸子百家的影響、儒家的推崇，遂有《易傳》等的出現，原本是卜筮術書的《易經》，被提升及解讀成有包涵「天地之道（理）」之學。因此，《易・繫辭傳》曰：「易與天地準，故能彌綸天地之道。」

漢代以後，易學中的陰陽學說，與五行、九宮、干支、氣運、災變、律曆、卦氣、讖緯、天人感應說等相結合，形成易學中象數系統。而其他原與《易經》本來沒有關係的術數，如占星、形法、選擇，亦漸漸以易理（象數學說）為依歸。《四庫全書・易類小序》云：「術數之興，多在秦漢以後。要其旨，不出乎陰陽五行，生尅制化。實皆《易》之支派，傳以雜說耳。」至此，術數可謂已由「術」發展成「學」。

及至宋代，術數理論與理學中的河圖洛書、太極圖、邵雍先天之學及皇極經世等學說給合，通過術數以演繹理學中「天地中有一太極，萬物中各有一太極」（《朱子語類》）的思想。術數理論不單已發展至十分成熟，而且也從其學理中衍生一些新的方法或理論，如《梅花易數》、《河洛理數》等。

在傳統上，術數功能往往不止於僅僅作為趨吉避凶的方術，及「能彌綸天地之道」的學問，亦有其「修心養性」的功能，「與道合一」（修道）的內涵。《素問・上古天真論》：「上古之人，其知道者，法於陰陽，和於術數。」數之意義，不單是外在的算數、歷數、氣數，而是與理學中同等的「道」、「理」--心性的功能，北宋理氣家邵雍對此多有發揮：「聖人之心，是亦數也」、「萬化萬事生乎心」、「心為太極」。《觀物外篇》：「先天之學，心法也。……蓋天地萬物之理，盡在其中矣，心一而不分，則能應萬物。」反過來說，宋代的術數理論，受到當時理學、佛道及宋易影響，認為心性本質上是等同天地之太極。天地萬物氣數規律，能通過內觀自心而有所感知，即是內心也已具備有術數的推演及預測、感知能力；相傳是邵雍所創之《梅花易數》，便是在這樣的背景下誕生。

《易・文言傳》已有「積善之家，必有餘慶；積不善之家，必有餘殃」之說，至漢代流行的災變說及讖緯說，我國數千年來都認為天災，異常天象（自然現象），皆與一國或一地的施政者失德有關；下至家族、個人之盛衰，也都與一族一人之德行修養有關。因此，我國術數中除了吉凶盛衰理數之外，人心的德行修養，也是趨吉避凶的一個關鍵因素。

術數與宗教、修道

在這種思想之下，我國術數不單只是附屬於巫術或宗教行為的方術，又往往是一種宗教的修煉手段--通過術數，以知陰陽，乃至合陰陽（道）。「其知道者，法於陰陽，和於術數。」例如，「奇門遁甲」術中，即分為「術奇門」與「法奇門」兩大類。「法奇門」中有大量道教中符籙、手印、存想、內煉的內容，是道教內丹外法的一種重要外法修煉體系。甚至在雷法一系的修煉上，亦大量應用了術數內容。此外，相術、堪輿術中也有修煉望氣（氣的形狀、顏色）的方法；堪輿家除了選擇陰陽宅之吉凶外，也有道教中選擇適合修道環境（法、財、侶、地中的地）的方法，以至通過堪輿術觀察天地山川陰陽之氣，亦成為領悟陰陽金丹大道的一途。

易學體系以外的術數與的少數民族的術數

我國術數中，也有不用或不全用易理作為其理論依據的，如揚雄的《太玄》、司馬光的《潛虛》。也有一些占卜法、雜術不屬於《易經》系統，不過對後世影響較少而已。

外來宗教及少數民族中也有不少雖受漢文化影響（如陰陽、五行、二十八宿等學說。）但仍自成系統的術數，如古代的西夏、突厥、吐魯番等占卜及星占術，藏族中有多種藏傳佛教占卜術、苯教占卜術、擇吉術、推命術、相術等；北方少數民族有薩滿教占卜術；不少少數民族如水族、白族、布朗族、佤族、彝族、苗族等，皆有占雞（卦）草卜、雞蛋卜等術，納西族的占星術、占卜術，彝族畢摩的推命術、占卜術……等等，都是屬於《易經》體系以外的術數。相對上，外國傳入的術數以及其理論，對我國術數影響更大。

曆法、推步術與外來術數的影響

我國的術數與曆法的關係非常緊密。早期的術數中，很多是利用星宿或星宿組合的位置（如某星在某州或某宮某度）付予某種吉凶意義，并據之以推演，例如歲星（木星）、月將（某月太陽所躔之宮次）等。不過，由於不同的古代曆法推步的誤差及歲差的問題，若干年後，其術數所用之星辰的位置，已與真實星辰的位置不一樣了；此如歲星（木星），早期的曆法及術數以十二年為一周期（以應地支），與木星真實周期十一點八六年，每幾十年便錯一宮。後來術家又設一「太歲」的假想星體來解決，是歲星運行的相反，週期亦剛好是十二年。而術數中的神煞，很多即是根據太歲的位置而定。又如六壬術中的「月將」，原是立春節氣後太陽躔娵訾之次而稱作「登明亥將」，至宋代，因歲差的關係，要到雨水節氣後太陽才躔娵訾之次，當時沈括提出了修正，但明清時六壬術中「月將」仍然沿用宋代沈括修正的起法沒有再修正。

由於以真實星象周期的推步術是非常繁複，而且古代星象推步術本身亦有不少誤差，大多數術數除依曆書保留了太陽（節氣）、太陰（月相）的簡單宮次計算外，漸漸形成根據干支、日月等的各自起例，以起出其他具有不同含義的眾多假想星象及神煞系統。唐宋以後，我國絕大部分術數都主要沿用這一系統，也出現了不少完全脫離真實星象的術數，如《子平術》、《紫微斗數》、《鐵版神數》等。後來就連一些利用真實星辰位置的術數，如《七政四餘術》及選擇法中的《天星選擇》，也已與假想星象及神煞混合而使用了。

隨着古代外國曆（推步）、術數的傳入，如唐代傳入的印度曆法及術數，元代傳入的回回曆等，其中我國占星術便吸收了印度占星術中羅睺星、計都星等而形成四餘星，又通過阿拉伯占星術而吸收了其中來自希臘、巴比倫占星術的黃道十二宮、四大（四元素）學說（地、水、火、風），並與我國傳統的二十八宿、五行說、神煞系統並存而形成《七政四餘術》。此外，一些術數中的北斗星名，不用我國傳統的星名：天樞、天璇、天璣、天權、玉衡、開陽、搖光，而是使用來自印度梵文所譯的：貪狼、巨門、祿存、文曲，廉貞、武曲、破軍等，此明顯是受到唐代從印度傳入的曆法及占星術所影響。如星命術中的《紫微斗數》及堪輿術中的《撼龍經》等文獻中，其星皆用印度譯名。及至清初《時憲曆》，置閏之法則改用西法「定氣」。清代以後的術數，又作過不少的調整。

此外，我國相術中的面相術、手相術，唐宋之際受印度相術影響頗大，至民國初年，又通過翻譯歐西、日本的相術書籍而大量吸收歐西相術的內容，形成了現代我國坊間流行的新式相術。

陰陽學——術數在古代、官方管理及外國的影響

術數在古代社會中一直扮演着一個非常重要的角色，影響層面不單只是某一階層、某一職業、某一年齡的人，而是上自帝王，下至普通百姓，從出生到死亡，不論是生活上的小事如洗髮、出行等，大事如建房、入伙、出兵等，從個人、家族以至國家，從天文、氣象、地理到人事、軍事，從民俗、學術到宗教，都離不開術數的應用。我國最晚在唐代開始，已把以上術數之學，稱作陰陽（學），行術數者稱陰陽人。（敦煌文書、斯四三二七唐《師師漫語話》：「以下說陰陽人謾語話」，此說法後來傳入日本，今日本人稱行術數者為「陰陽師」）。一直到了清末，欽天監中負責陰陽術數的官員中，以及民間術數之士，仍名陰陽生。

古代政府的中欽天監（司天監），除了負責天文、曆法、輿地之外，亦精通其他如星占、選擇、堪輿等術數，除在皇室人員及朝庭中應用外，也定期頒行日書、修定術數，使民間對於天文、日曆用事吉凶及使用其他術數時，有所依從。

我國古代政府對官方及民間陰陽學及陰陽官員，從其內容、人員的選拔、培訓、認證、考核、律法監管等，都有制度。至明清兩代，其制度更為完善、嚴格。

宋代官學之中，課程中已有陰陽學及其考試的內容。（宋徽宗崇寧三年〔一一零四年〕崇寧算學令：「諸學生習……並曆算、三式、天文書。」「諸試……三式即射覆及預占三日陰陽風雨。天文即預

定一月或一季分野災祥，並以依經備草合問為通。」

金代司天臺，從民間「草澤人」（即民間習術數人士）考試選拔：「其試之制，以《宣明曆》試推步，及《婚書》、《地理新書》試合婚、安葬，並《易》筮法，六壬課、三命、五星之術。」（《金史》卷五十一・志第三十二・選舉一）

元代為進一步加強官方陰陽學對民間的影響、管理、控制及培育，除沿襲宋代、金代在司天監掌管陰陽學及中央的官學陰陽學課程之外，更在地方上增設陰陽學課程（《元史・選舉志一》：「世祖至元二十八年夏六月始置諸路陰陽學。」）地方上也設陰陽學教授員，培育及管轄地方陰陽人。（《元史・選舉志一》：「（元仁宗）延祐初，令陰陽人依儒醫例，於路、府、州設教授員，凡陰陽人皆管轄之，而上屬於太史焉。」）自此，民間的陰陽術士（陰陽人），被納入官方的管轄之下。

至明清兩代，陰陽學制度更為完善。中央欽天監掌管陰陽學，明代地方縣設陰陽學正術，各州設陰陽學典術，各縣設陰陽學訓術。陰陽人從地方陰陽學肄業或被選拔出來後，再送到欽天監考試。（《大明會典》卷二二三：「凡天下府州縣舉到陰陽人堪任正術等官者，俱從吏部送（欽天監），考中，送回選用；不中者發回原籍為民，原保官吏治罪。」）清代大致沿用明制，凡陰陽術數之流，悉歸中央欽天監及地方陰陽官員管理、培訓、認證。至今尚有「紹興府陰陽印」、「東光縣陰陽學記」等明代銅印，及某某縣某某之清代陰陽執照等傳世。

清代欽天監漏刻科對官員要求甚為嚴格。《大清會典》「國子監」規定：「凡算學之教，設肄業生。滿洲十有二人，蒙古、漢軍各六人，於各旗官學內考取。漢十有二人，於舉人、貢監生童內考取。附學生二十四人，由欽天監選送。教以天文演算法諸書，五年學業有成，舉人引見以欽天監博士用，貢監生童以天文生補用。」學生在官學肄業、貢監生肄業或考得舉人後，經過了五年對天文、算法、陰陽學的學習，其中精通陰陽術數者，會送往漏刻科。而在欽天監供職的官員，《大清會典則例》「欽天監」規定：「本監官生三年考核一次，術業精通者，保題升用。不及者，停其升轉，再加學習。如能黽勉供職，即予開復。仍不及者，降職一等，再令學習三年，能習熟者，准予開復，仍不能者，黜退。」除定期考核以定其升用降職外，《大清律例》中對陰陽術士不準確的推斷（妄言禍福）是要治罪的。《大清律例・一七八・術七・妄言禍福》：「凡陰陽術士，不許於大小文武官員之家妄言禍福，違者杖一百。其依經推算星命卜課，不在禁限。」大小文武官員延請的陰陽術士，自然是以欽天監漏刻科官員或地方陰陽官員為主。

官方陰陽學制度也影響鄰國如朝鮮、日本、越南等地，一直到了民國時期，鄰國仍然沿用着我國的多種術數。而我國的漢族術數，在古代甚至影響遍及西夏、突厥、吐蕃、阿拉伯、印度、東南亞諸國。

術數研究

術數在我國古代社會雖然影響深遠，「是傳統中國理念中的一門科學，從傳統的陰陽、五行、九宮、八卦、河圖、洛書等觀念作大自然的研究。……傳統中國的天文學、數學、煉丹術等，要到上世紀中葉始受世界學者肯定。可是，術數還未受到應得的注意。術數在傳統中國科技史、思想史，文化史、社會史，甚至軍事史都有一定的影響。……更進一步了解術數，我們將更能了解中國歷史的全貌。」（何丙郁《術數、天文與醫學中國科技史的新視野》，香港城市大學中國文化中心。）

可是術數至今一直不受正統學界所重視，加上術家藏秘自珍，又揚言天機不可洩漏，「（術數）乃吾國科學與哲學融貫而成一種學說，數千年來傳衍嬗變，或隱或現，全賴一二有心人為之繼續維繫，賴以不絕，其中確有學術上研究之價值，非徒癡人說夢，荒誕不經之謂也。其所以至今不能在科學中成立一種地位者，實有數因。蓋古代士大夫階級目醫卜星相為九流之學，多恥道之；而發明諸大師又故為惝恍迷離之辭，以待後人探索；間有一二賢者有所發明，亦秘莫如深，既恐洩天地之秘，復恐譏為旁門左道，始終不肯公開研究，成立一有系統說明之書籍，貽之後世。故居今日而欲研究此種學術，實一極困難之事。」（民國徐樂吾《子平真詮評註》，方重審序）

現存的術數古籍，除極少數是唐、宋、元的版本外，絕大多數是明、清兩代的版本。其內容也主要是明、清兩代流行的術數，唐宋或以前的術數及其書籍，大部分均已失傳，只能從史料記載、出土文獻、敦煌遺書中稍窺一鱗半爪。

術數版本

坊間術數古籍版本，大多是晚清書坊之翻刻本及民國書賈之重排本，其中豕亥魚魯，或任意增刪，往往文意全非，以至不能卒讀。現今不論是術數愛好者，還是民俗、史學、社會、文化、版本等學術研究者，要想得一常見術數書籍的善本、原版，已經非常困難，更遑論如稿本、鈔本、孤本等珍稀版本。在文獻不足及缺乏善本的情況下，要想對術數的源流、理法、及其影響，作全面深入的研究，幾不可能。

有見及此，本叢刊編校小組經多年努力及多方協助，在海內外搜羅了二十世紀六十年代以前漢文為主的術數類善本、珍本、鈔本、孤本、稿本、批校本等數百種，精選出其中最佳版本，分別輯入兩個系列：

一、心一堂術數古籍珍本叢刊

二、心一堂術數古籍整理叢刊

前者以最新數碼（數位）技術清理、修復珍本原本的版面，更正明顯的錯訛，部分善本更以原色彩色精印，務求更勝原本。并以每百多種珍本、一百二十冊為一輯，分輯出版，以饗讀者。

後者延請、稿約有關專家、學者，以善本、珍本等作底本，參以其他版本，古籍進行審定、校勘、注釋，務求打造一最善版本，方便現代人閱讀、理解、研究等之用。

限於編校小組的水平，版本選擇及考證、文字修正、提要內容等方面，恐有疏漏及舛誤之處，懇請方家不吝指正。

心一堂術數古籍 珍本／整理 叢刊編校小組

二零零九年七月序

二零一四年九月第三次修訂

天數

天地數零 二千卅九 桂花方袖手 杏蕋又沾衣
一 鏡裏花容改 枝頭果未完
二 二千、二 上林春色 喜奪少年时
三 二千四三 馬頭春色滿皇都 從此声名天下聞
四
五 四千、二 戰勝凱朝回 奇功先後推
六 十卅九 年少登高第 皇都得意回
七 六千四三 貴人相祐下 王事出奇流
八 五千、二
九 四千八廿 墨花筆花來 春風得意回

一十

一	二	三	の	五	六	七	八	九
の十大刃	口十の三	廿卅九	七十午九	九十の三	の十大刃	三十大刃		

五经学士属同音　四海咸知翰院人

憂視重逢　空怨别离多

未酬懷抱之思　已咏寥莪之章

鶯冬夜别人去遠　乘馬跨雀上長安

親朋來語別　長嘆不回頭

金甲在命　捧勅三至

秋來分月殿　雲梯高折枝

莫謂出身　須知挺出棟梁才

二十

一	廿のミ	待客一團和氣	行藏満面春風
二	十八乂	汲多士之譽	喜列青衿
三	廿ス才	玉洞之開	閨房之秀
の	卅八乂	名利黌宮	泮芹高潔
五	の十のミ	箱裏有衣倉有粟	閨房無事心中足
六	廿ス中	好花逢細雨	閨閣更生春
七	の十ス中	課婢相夫	閨中英哲
八			
九	卒のミ	文星高照	其年高步蟾宮

三十

一	五十八千	高占鰲頭	不負鄉曲之譽
二	二十八七	文章赫奕	平地一声雷
三	二十八千	一天明月見双星	花燭融融樂意濃
の	十八七	揚鞭得意長安陌	宴罷歸來迅馬蹄
五	四十四十九	蘭房寂寂含悲泪	錦帳空懸哭孤帏
六	七十八七	松風陶雜念	梵閣礼禪心
七	五十千十九	看取他去淨地	方知不染塵埃
八	七十八十九	芦花如雪不爲羅	老眼何堪禁歌風
九	五十八七	開口笑未了	双眉鎖又逢
	六十八二	岩畔青松樹	根盤石上生

四十

一 卅八

二

三

四 四十四

五

六

七 卅二

八 四十八

九

深閨客喜亦客憂　夏過冬回春復秋

紅顏對照鏡　幾度掙夜吟

斗筲之人　何足算也

父子青衿　文風豐澤

獬豸風清　職掌絲綸

姻緣數內註來奇　今年今月又今時

賣卜君平業　談之揚子家

有子早歸泉下客　蘭孫晚享送天年

五十

一 二 三 の 五 六 七 八 九

十の三 廿 卅九 ロ十 ロ十九

破財失口　傷子憂悲
姻緣非偶然　今月又今年
煉就碧天鉛　遨翔物外仙
兩姓姊妹結婚姻　永好親子朱與陳
紅葉手中撚　春寒花未開
尅傷喪子　皆因命苦
更深玉漏殘　月裡常織去
鳳仙數中色　姊妹八人同

六十

一	二	三	四	五	六	七	八	九
七十八歲			四十八歲					五十四

已解封侯印
閨幔承恩福不小
狂風吹落白如綿
平生有俠骨
南北經營得利多
天喜星臨
凱歌聲聞遠

祇愛林下遊
榮封花誥感良人
欝欝門庭自嘆然
意氣自然日卯
傍人欣羨老江湖
進口添丁又納寵
丹詔九重來

七十

一 二 三 の 五 六 七 八 九

十の三　の千八百

卅八又　日千九不千　日千の三

掩口笑頻遲　逢人半解羞

遊藝宮墻　芹采泮水

細柳營中　獨司旗鼓之職

帳下周旋　听鼓声而思奪

命中帶貴　夫君必是朝臣

呼盧為活計　牌嚴作生涯

軍威赫一　勇勝當年

將辭登壇勝　軍威出塞雄

千

一 二 三 の 五 六 七 八 九

二千八

の十六 二

北窓邀入南樓月　閑门避過東風雨

瓊玉惟一朵　不須弟兄扶

天上神仙女　人间富貴婦

運籌帷幄之中　決勝千里之外

敖中秋月是歸期　綠水青山隱翠微

東璧餘光　數暗後明

閨德擁ニ　官誥榮ニ

並蒂双蓮出　風光不一家

九十

一　二　三　の　五　六　乂　八　九

の九　中十　中中二の　卅不中

命数理該卿進士　類全甲第受皇恩
滿架薔薇焦　開花十姊妹
販鹽營生　可度朝昏
享祖宗之遺蔭　不生不理守清規
不沐皇家寵　定享子孫封
讀律呪刑理　筆尖即是刀

一百零

一	二	三	の	五	六	七	八	九
十の三	卅九の十			早八乂	早八乂	廿五	早二	の早廿

一　細葉猶含綠　鮮花未吐紅

二　秋闈試罷聽佳音　衣染天香飲鹿鳴

三　青龍出戶重重喜　堂上椿庭指日陞

の　附後青囊有秘篇　無窮造化洩芳源

五　少年多得意　桃李笑春風

七　水也火入　內中豈無故

九　靜室閒中趣　幽庭春不喧

一百一十

一	二	三	の	五	六	七	八	九
六十の三			卅の十九	廿の三	六十八廿	卅の三	廿の六	廿十の六

同衾成楚漢　分鏡各東西
经过波涛舟始稳　一帆風送一帆輕
守尽空房数尽更　一腔心事向誰論
九宫探禹象　三笑及之之
曉風吹帏帳　春色耀旌旗
柳塘風淡淡　花園月溶溶
乘機休息　方受其祥
鉄馬横行掃賊鋒　会看指日覓封侯
遥遥思無極　点点左含頻
虽龍衣李陵旧業　常懷豫讓遺風

一百二十

一	二	三	四	五	六	七	八	九
卅二		廿[illegible]	卅の三	廿の三	の千の三	[illegible]	[illegible]	九

樹密觀來鳥　潭澄羨躍魚

凡為女子在家門　惟我終朝侍外人

地凍天寒水結冰　一輪明月正來臨

終日悠悠　何喜何憂

林泉善事　繚繞東風

強為歡笑　總個自家知

一百三十

一　早の三　與至花前酒　閑來卧白云

二　廿二　何須妄想　暗有神靈

三　早年结子皆抛落　花甲生男方是兒

の

五　我命数逢凶　妻喪水晶宮

六

ㄨ　廿六廿　我是頭婚夫續俗　先天註定不差分

八　の十八ㄨ　鳴鸞雍二　福祿來同

九　卅の十九　有個狐狸飛出來　口舌交加又破財

一百四十

一　二　三　の　五　六　七　八　九

五千四六　地之上天之下　四方止事和偕

四千六廿　泰伯有役十餘年　妄冀千秋

卅四千九　幸有憾　且飲三山水

四千八七　鳴鳩在河洲　和氣而相應

廿卅九　亦孔之昭　其樂陶陶

自在悠閑自在天　不須跋涉共艱辛

卅四千九　咏自吳江　快如其望

卅四千九　相依一土　結就三生

廿六五　今人乃見古時月　世事升沉數在天

一百五十

一 二 三 四 五 六 七 八 九

三十四三
往者徒然
來者何易

毋再嫁以淫人
數內洞然已定

四十四十九

六十四三
月邊星已沒
眉尖鎖方舒

六十四三
全憑陰陽無差錯
禍福無門米細參

姐妹二人
奇花發出兩枝新

少年晚景居平二
中步榮華始稱心

一百六十

一 二 三 の 五 六 〤 八 九

六十八乂
の十の〻
卅二、
卅八乂
卅スロ
廿二、
の十スロ

雁行登第超凡品
雀集鵝飛
黄鳥飞鳴在樹頭
惟兆〻吉
梵破龍池春宴眩
增灶減灶
非冬非夏
公平君子道
鍵其门
龍虎来財似湧

彰甲高標手足人
鵝来雀去
凤〻雨〻望高楼
叶吉無咎
回看風廟早朝寒
其謀此日復施
春暖秋涼
義取の方財
吻结其吻
仙机记取莫言輕

一百七十

一　二　三　四　五　六　七　八　九

四十卆九

十二

二十二

二十卅九

三十四十九

卅八乂

来自来兮去自去
處子年方艾
命中寅申巳亥兒
莫臨淵而羨
兩日在鹿
欲問玄關成實處
雖非網中
流年得子

来去之間當留意
正合謀約言
正合此數
為無餌而遊
三日在京
枝頭五果在庭楷
難免無咎
秀而不實

二百八十

一 二 三 の 五 六 七 八 九

廿八七

卅九の十

二十 卅九

早年有子也难招 丹桂開时秋色佳

同姓為嗣 從继宗祧

不忌木李 且服瓊瑶

自是人中一俊英 須教白手掙黃金

山寺日高僧未起 果然名利不如閑

数有の子 送老二双

夫婦夫婦 尤如陌路

丙辰之年 名薦天朝

无意而逢 有幸而就

一百九十

一 卅日 入口 相逢意氣人皆合 惟有亲情冷似冰

二 六十七十九 喜鵲噎 庭前玉樹發新芽

三 二十九卅 心遊落浦 神慕瀟湘

の 卅のミ 魚乞其麟 室家欠寧

五 五十入口

六

七 三十のミ 流年有晦当高枕 頓進恩星退病魔

八 卅八ヒ 外事欣欣 內多戚戚

九 の十八ヒ 眉端有喜須堪羡 心上真愁只自知

二百零

一　の十の三
春色融融水滿池
一生衣祿不須憂

二　卅二
一榻青風魚稚地
嚣然無事不關心

三
求謀成事罷憂煎
萬里青風道坦然

の　卅の十　九
两毛牛一口亂
相優相逢彼失此

五　の十スロ
已識前途路
從今莫問津

ス　六十八乂

七

八

九　六十七十　九
今朝歸去來
大憂方始覺

二百一十

一 二 三 の 五 六 又 八 九

二十八又 天外彩云飛 從今桂子香

のナさ 惠濟三農 澤敷萬姓

早十之の 清和院落綠陰濃 輕暖輕寒處處同

二十之 年當大有 財遂人來

二十卅九 黃堂任驅使 始信五陵豪

早石日 人逢喜事 相遇三春

早十八又 家事百從心 人情和且欢

十卅九 蟠桃花未實 不用怨東風

従九

二百二十

一 〤十〥 事称心 財遂意

二 〣十九 雖艰难终易得 步云中会大利

三 〦十二 陽回春暖日 東北遇知音

四 十〥 坦蕩春光 風和日暖

五 〦十〥 徐步芳菲 杖藜扶我

六 坤命如鋼 方偕白首

七 父子情先斷 孫謳花露歌

八 〨十〥

九 〦十二 遇事有猜疑 一牛生二尾

二百三十

一 二 三 の 五 六 七 八 九

卅の十九
廿の三
七十の十九
六十七十九
の十八四
十一二
廿八七
六十一二

流年不利
名震華夷
雲寒令朝雨
可憐未識嚴親面
破財召小耗
運與笑語頻
佩印符而出征

多憂多慮
威嚴幕府
上下漸亨通
刻木從今羨古人
始免一时灾
事事尽随心
赴搜往前行

二百四十

一	二	三	の	五	六	七	八	九
卅の十九	六十二	口十入口	の十八七	卅の十九	卅、二	卅、二	六十七十九	口十入口

六韜百衛之席豹　踹習于掌握之间

鎔金朝鑄印　国用正逢时

毋命先亡父後亡　終天之恨寔堪傷

利名終有望　十五月團圓

柔順利貞　君子攸行

過水不逢橋　前程路轉遥

朝借楊柳水　凡塵不惹

二百五十

一 二 三 の 五 六 七 八 九

丹十八日
七十千九
卅八日
三十早九
七十六八乂
の十八日
三十、二
の十八乂
二十卅九
切十、二

命裡召浮灾　其年定破財
且点佛前灯　荅謝皇恩厚
哭声内外闻　孝服有相侵
騎馬逐麋鹿　前程路不迷
運兵符于掌上　藏甲冑于胸中
一得一失　或先或後
月光初上　晚景正枝踈

二百六十

一 妹婦其弟兄配姐 同氣連枝連理
二 孀居门户苦伶仃 指倘良人掌户庭
三
の 靜無琴瑟擁 喜有桂蘭出
五 の十二 陽氣已來冰漸消 且須少待免心焦
六 二十八 春色纔動小枝頭 又見陰云葉琵凍
七 職掌宮墻 覲家天子
八 外台极品 八座之尊
九 三十二 春色已泮 淂意洋〻

二百七十

三十九　黌宮發動　藝苑敷榮

一　三十八　粒樓翠幌　繡閣金鋪

二　二十二　朱门春映满庭香　紫燕呢喃玳瑁梁

三　春来攀得一枝花　萬卉叢中我獨佳

の　南宮得意声名重　天下聞名是翰林

五　可許枝頭三果結　前生已定那君知

六　二十二　香服星蓮夜　灯花宝炬时

七　七十二　雲边月色人千里　竹裡秋声酒盞

八　六十八　来受皇恩錫　先来矣主招

九　三十八　春色浸荼蘼　蘭房喜氣多

二百个

一 二 三 の 五 六 ヒ ハ 九

の子のミ

君子悔遁以干百禄

夫当火亡先天已定

春風満面人ミ合和氣盈怀處ミ通

东是乃弟为洞约夂與其兄諧百年

中郎有女相循樂暮年

二百九十

一 廿の十九	霜菊色不豐	生涯運欠通
二	並蒂芙蓉東自双	參差姊妹各舒焉
三		
の の十九		
五 三十二	鴛促中拋	蘭房寂寂
六 卅の二		
七 卅の十九	輕車駟馬	人醉杏花天
八 七十九	天施地生	惠我以德
九 卅二	奇異莫測	臨危大勝

三百零

一	[illegible]	福星暗佑人　閨閣自生成
二	[illegible]	花正開　濃霜來
三	[illegible]	水泛千江月　山應萬木輝
〤	[illegible]	
五	[illegible]	当年为甚忙碌碌　今朝永別苦難行
六	[illegible]	其人福曜臨　实晦不相侵
〨	[illegible]	陳年生天晦　白再又来臨
八	[illegible]	一頭傾心　三軍引領
〩	[illegible]	

三百一十	三千〤三	勾絞未臨	官符不免
一	〤千〤三	寒鵲中月噪	恍惚有驚疑
二		吾命逢凶	父死水晶宮
三〃	〤千三〤	得句豪吟星斗落	開懷斗酒笑春風
四〃	〤十八〤	吸茗已知味	焚香結樓姻
五	〤千〤三	一心惟有佛	危事忽登憂
六	〤千九 二千九	白馬未臨血	蔴衣淚濕久
七	卅九 〤千	皇都爽氣倍他鄉	三月韶華正艷陽
八			
九	卅二	空中有神佑	早晚自安寧

三百二十

一	二	三	の	五	六	七	八	九
乂十千九	三十九の千	の十八百	三十八日	八千九卆	の十六の	の十二		

乏宅浮家處處過　江河生計覓多金

灾星照臨　謹慎謹慎

但君守口謹如瓶　妄意之中口舌生

前途自有漁舟渡　淺此平坡一徑行

可惜滿樓月　獨自倚欄杆

救中有刑　極天未賦失良人

三百三十 二千の三 龍生于淵 因風外天

一 欲向歸期壽多少 六九加上三三年

二 の千ス叶 日意融融霧介收 人情淡淡客中愁

三 日千千九 義氣已感人 淂田橫橫士

の 二千の三、 春風初至 花生園林待日紅

五 彼女我覰我十你婿 姻緣重疊結為連理

六 十、二 兩晴天色好 桃李未全紅

ㄡ 朝有陶朱富 須行山外山

八 廿ス叶 皎皎秋蟾萬里明 微微寒露冷烟侵

九 壽數有七旬 恐至中年有一驚

三百四

一　二　三　の　五　六　七　八　九

五：六十八四
六：四十五十八
七：の十四十九
九：の十二

秉性謙恭
昆仲二人
先偷韓壽之香

朱樓稱逸韻
枯木發新枝
滿園飛白絮
秋風飄之落梧桐
若欲問壽壓多少
遊魚遊遊魚

臨事謹慎
一人削髮定為僧
後作龍郎之画

翠鈿添風流
美景又逢春
血泪染枝梢
美雨微霜难留客
七之逐添の五年
躍入平池

三百五十　十八廿

一　殆數香彩学梳頭　却奏琵巴影帶羞

二　我命数逢凶　母喪水晶宮

三　流年倚樹折　風木恨冬天

の　二十二　嚴親黃甲標名姓　老母桑榆誥命終

五　三 の　蘭總最多　三週可畏

六　可憐聰明伶俐人　遭磨折挫受艱辛

乂　宮袍分得御炉香　五百名中第一強

八　紅銷舞態影含羞　命薄紅顏不自由

九

三百六十

一 廿の三
閉门常靜坐　鵓鵠聞声過

二 の十卆九
安晦相侵　官爵星臨

三 二十卅九
不進須当退　方免口舌憂

の の十の三

五 三十十二
杏花深處尋芳草　正好啣杯樂少年

六 の十八乂
路不通门閉塞　須排徊莫性急

乂
烟缘後烟缘　前生緣分慳

八 卅六十
滿眼韶華観不足　一心吩咐與東風

九 不十八十
春來事事新　君子得相親

乂十卆九
杖藜徐步別光陰　今日逍遥地府行

三百七十 卅子九 萬事俱已備 東風恰又来

一 口十子九 青天一点雪 腸斷素朝裂

二 口十子九

三 七十千九 有不意之非 破自己之財

の 口十二 不去尋煩惱 煩惱自尋人

五 の十の彡

六 夂十夂口

七

八 の子口十九 園林春至 旺業興家樂自然

九 口十八七

三百卆　十伍

一　卆十三の
二　卆十大卄
三　卆十の八
の
五　九十八
六　九十
又　九十大卄
八　廿、二
九　の十、二

解春風之意　知己自有人
在朝為輔弼　出鎮是良才
古鏡重磨掃舊塵　梅花先报隴頭春
江湖生活計　朦朧是安身
已脱凡间壳　從今化地仙
失其飢寒　实晦纏綿
故人久已待　不必再躊躕
口舌相侵　陰禍切身

三百九十　五千八七　白雪漫漫鋪遍　樓台處處粧新

一　二千八七　内外有相同　有失恨忘亏

二　卅所

三　七千六二　如同秋月　萬雷澄清

四　四千所三

五　卅八千　月中丹桂子　閑處待秋風

六　四千五九十

七　七千六二　流年坐天晦　疾病緊相纏

八　六千所三　華堂春正濃　楊柳鞋風擺

九　五千所三　自然之利　不意而得

四百零

一 二 三 の 五 六 七 八 九

四十二 十八 六十八 四十 四十九 十四三 六十二

送終無子

好花逢敗日
閑門多喜氣
天意從來相吉人
波中生日月
大任天賜付老誠
梅影一枝新
是非終日有

假子披麻衣

人事樂從容
人事又從心
登憂忘慮樂昇平
鏡裏見乾坤
晚年榮享足安寧
其年福自增
不听自然無

四百一十	七十八七	受介景福	賜我眉寿
一	二十二二	玉楼時逢	金菊可玩
二	め十ス日	牡丹夜影中	走馬弓弦上
三	の十ス日		
四	六十丶二	緑陰満地	福自悠然
五	七十ス日	今朝収拾回西去	回首方知揔是虚
六	卅ス日	流年欠利	孝服又加
七	四十ス日		
八		手足太慳	一枝獨秀
九	六十七十九	得借他人力	風和驟馬軽

四百二十

一	卅卯三	也無憂也無愁	其人任優遊
二	卯十二	木牛火祁山	流馬火斜谷
三	二十 卅九		
四		運至陞遷	勅命根道
五		內助賢能	命中所招
六	七十 卆九	攜杆听黃鳥	躍足臨清渊
七	卯十 八	提竿灌園時時樂	着屐登山日日忙
八	日十 不卄	吉星來拱照	安樂慶流年
九		數中華有吉星	百事逢凶化作塵

四百三十

一 四千八七
二 二十六二
三 四千六二
四 十廿九
五 十八七
六 六十九千
七 四千八七
八 廿四千九
九 十四三

一天衣祿自天然　晚景桑榆非窮閑
無意之中偏有得　運至駢臻日
白眉入中堂　官符中不免
泪染蘼衣痛斷腸　祇因萱草故悲傷
萱萎合香色　呢喃燕喚雛
楊柳岸邊風嘹哨　杏花枝上事朦朧
樂從人意　不減少年時
独立不懼　一身是膽
正好施為日　闔君又請行
流年有悔臨　作事未安寧

四百四十

一	二	三	四	五	六	七	八	九
卅二	六十乂中	四十二	卅乂中	卅卅九	五六		卅四三	以十七十九

口舌非是多，流年奈若何。

東風開處綻花紅，上苑枝頭結異花。

未識人間樂，但知泉下憂。

秋月當空滿，鷄鳴又向西。

前生有佛恩，佛在暗中佑。

玉兔啣刀借力时，此时平地上雲梯。

四百五十

一	七十の三	喜合门庭	吉人相得
二	七十千九	闲讀黄庭卷	乞门招是非
三	廿八四十	流年該破財	無心官事来
の	卅二	緑添红減處	鳥啼花落天
五	卅の十九	雲迷日色	陰晴未臨
六	四十三	杜鵑啼血	泪洒成行
七	卅の十九	流年白虎臨	壽元有可憂
八			
九	卅の三	心戚二	一番憂慮一番愁
	廿二		

四百乎

一 二 三 の 五 六 七 八 九

乎八乂 乎十二 卅ス日 九十 乎十の三 九十九 阝 廿八乂 十ハ三

舟停無計使
幸有楊卅寉
曉日曈、鼓角鳴
寉髮童顏
命中驛馬星辰動
一百二年也不少
流年命運不相宜
喪服相尋
萱去飛入梨去居

等候長潮行
腰纏促早行
黃云迷陣壯軍心
青山綠水
應見遷移又改更
總有疾病休煩惱
魁子愁傷淚濕衣
堂中萱草召橫
移一亂撲見郎面

四百七十 の十八乂

一 の十日十九 前花承高擢 傾心立大功

二 夂十の三 寸心为报国 雪冀為漢兵

三 日十夂日 思澤兵一望 心懸以王恩

の 日十二 兵留末帝闕 天弟動揚軍

五 の十の三 風旗番影 霜劍結龍文

六 卅夂日 白日禪心靜 青蓮喻彌陀

乂 忽喜不实 数定

八 日十夂日 仕路如反掌 林泉嘯靜

九 廿三の 纔見春光明媚 又為陰雨蹉跎

四百廿

一	廿二	中懷有慶	利涉大川
二	十廿九		
三	半十九	口舌不饒人	官非有勾連
の	叧十八〤	松柏之盛	逢凶化吉
五	叧十半十八	樂於東山	愈光精神
六	半十九	慢作兒孫計	闔君今請行
〤	半十の〢	父命木生	合數
八		木火入洋	合數
九			

四百九十 二千九 卅

一	の千甲九	朱雀屋边過	官司淫此招
二	三十八七	生前未了事	好向梦中言
三	六千二	侍之宜謹慎	终吉免他非
の	六千九 七千	喜末穩而悲又到	驟雨狂風拔木歸
五	六千九 七千	烏鵲頭上過	是非又未侵
六	の千甲九		
七	卅の三	已識桃源境	淫容自在行
八	卅の三	車雖有輪	不可遠御
九	の十の三	兎花浪暖魚争躍	楊柳風牾鳥語喧

伍百零

一　卅四十九
二　卅二
三　廿四三
四
五　廿六四
六　卅八七
七　四十八七
八　四十四十九
九　四十二

黃花有佳色
腹田陽谷
早年玄武难存菓
韜畧胸中秘
猿犹匪度治兵勦獲
勇冠三軍
门庭吉慶喜騈騈
心事不須憂
年来坎坷未逢春

時来運自亨
錦上添花
晚信仙花滿樹枝
功名馬上成
旌旗幢幢不知西東
胸中五岳
好似高梯望月圓
恍惚兩三頭
且喜今年脫难星

五百一十

一 六十八七 暗中神佑 福利相生

二 の十乂廿 國公出入玄朝庭 鎮守江山定太平

三 の十二二 垂楊天桃 蝶飛鶯語

の 二十卅九

五 七十八七 日坐空齋靜 身心兩事閒

六 卅の十九 已蛇當道 有鷺魚害

七

八 廿二二 月上掛梧桐 漏特人物靜

九 卅乂廿 月掛當空霧未収 風吹雲乱夢飛州

五百二十

才高通省　魁首文章

一　五十二　龍蚊争一室　飛入百花叢

二　姊妹九八　同氣不同音

三　二十八四

の　の十八七　掛官未也之前　可為知机之隱士

五　六十七十九　月缺月圓　光陰如箭

六　四十二　白雪一樓　中饋之憂

七　の十八七　舞餘楊柳樓頭月　歌罷桃花扇底風

八

九　二十八七　風吹柳絮成綿少　月下流螢莫認灯

五百三十

一 五千の三 夜深独奏琵琶 淚濕江州司馬

二 六十ス廿 老梅遇雪白如霜 伴侶今朝永别長

三 卒千の三 想當初白首相期 病今朝青灯自守

の 若向天年 四句之局

五

六 廿の三 无事常多事 無煩却有煩

七 七十午九 功高今古 位極人臣

八

九 口千八中

五百四十 三十、二
夫婦緣期共百齡
豈知中道便爭分

一 七十四、三
好作來生福
清晨一炷香

二 四十九 四十

三 六十八七

四
綺羅裁剪
綫隨針引

五
傍枝發芽
副室開花

六 九十、二
瑞氣臨堂
相慶而康

七 四十四十九
梭織錦机中
花枝隨後起

八 四十八七
和不和同不同
又復總成空

九 七十、二
道德俱尊
福祿攸同

五百五十

	卅二	春到南枝	衮花開過杏花開
一	五千九五千		
二	六千三四	揚花作雪	中饋有寅厄
三	卅八七	一念清虛	年壓不染
四	四千二二		
五	四千二二	穿花綠管急	踏月馬歸輕
六	四千四三	陽花空佈	闺閣有餘光
七	四千八七		
八	廿九廿		
九	六千九七千	不見巢草	草牛横了

五百六十

一	卌八何	白日起雲烟	鵓鳴飛彈驚
二	二十卌九	雞兒方脫殼	各自本生成
三	七八	君子更我日	相逢大吉人
の	の十四十九		
五	四十八七	兵机要豹	武略神龍
	卌の三	且喜眼前福	莫閑戶外非
六	四十の三	水寒魚不餌	孤灯竟不明
七	四十の三	今生得福前生定	再向神前種福田
八	六十の三		
九	四十四十九	得兮无靠用	欲射不能為

五百七十

一 二十八七 春到枝頭綻碧桃 年年喜事樂陶陶

二 三十六二 終日西風有日東 堅心且守值天公

三 七十四十九 步履難行阻 先憂後必昌

の 四十八七 早起一声佛 焚香告上蒼

五 の十四十九 擁東山之勝 傲北海之遊

六 の十の六 寒花紅日近 遠裡有源通

七 二十八七 旌旗遮日陣前開 氣壓山河實壯哉

八 の十又四 帳下桓桓雄勇士 一声振怒斗牛寒

九 四十四十九 樂事無邊 日醉柳歌花咲

五百八十 二千、二 見机知進退 可以免患侵

一 二千、二

二 姊妹成行对 巫山十二峰

三 卅の〻 年々春色雨和烔 三月夜枝柳正妍

の 六千の〻 不山不水間漁樵 踪跡無常似寸塵

五 の十八廿 蔽日烔塵 行藏掩滞

六 六十九七十 楊花釀白 雪遍粧台

七 叅差軍机 事多美勝

八 の十二 意旂被謗 可以退思

九

五百九十

一　坐擁書功名得意　滄瓊食祿富無双

二　卅の三　西行東行　日利良辰

三　卅の三　百花如鏡粧台服　桃柳枝枝春意舒

の　此命多驚寿數少　須修功德保天年

五　生來門楣高大　家中事業豪華

六　傾銷銀店　足換生涯

又　拔班生之毛錐　取貴望如斗大

八　卅三の　靜粧出水蓮花潔　靚脫芽庭蘭自芳

九　慧性多多巧美　女中迥出群

六百零

一二三四五六七八九

十八乂
三十、二
三十卅九
六十八乂
七十四三
四十四十九
四十八廿

隴頭消息到　披我一枝春
煉丹費火炭　採藥窮山艸
春風次第入門來　梅花開過杏花開
彤雲漸自收　清光見天日
若問壽數多少　四旬之外有餘零
凡事宜守舊　強為不乖張
風息浪不靜　未可免憂悰

六百一十

一	の千の十九	來求金玉	反得其名
二	二千八四	老樹落葉	任憑風雨催
三	八千、二	只合謹言語	相安于无事
の	五千五千十九		
五	二千八四	十分春色	錦城和氣開春風
六			
七	の十、二	蘭孫滿室	樂享晚福
八	二十、二	金匱星臨	財喜頻頻而至
九	卌の三	馬頭有崎路	一騎任意行

六百二十

一　二　三　の　五　六　七　八　九

卅六五　十の三　六十、二　二十八四　卅八四　廿、二　六十六十九　七十十八十　七十十八十

覩近貴人　大饒利益

歎〻情艇　悮扱蛛網

管中得桓　施展其頭

心西意在東　謀事未成功

中流有石　操舟仔細

古松傲雪凌霜久　枝〻妖嬈似龍鬚

日長新蒲　却如兒髮條〻綠

六百三十

一 卅五 卅六
二 卅二 の十二
三 の十八 の十九 の十
の 六十四 六十六
五 の十二
六 六十八 六十八
七
八
九 の十一 の十三

流年運不通　好花零落遇東風
花開正直春風暖　人遇時来正少年
日午静無風　江山分外明
馬嘶人意倦　鳥雨客情寬
瓊林之宴　君占上席
逆奈已作忘情客　不管人間是与非
紫微光有焰　位上列三台
堆積于杯　一旦俱釋

六百四十

一	廿乂口	無意之中遇吉	晦氣消除事漸亨
二	七十のミ	灾晦相侵	謹慎可免
三	四十のミ	春景正无边	閨中福自然
の	卅のミ	補正核德	以安邦国
五	廿乂丹	三春楊柳依依綠	二月桃花片片紅
六		琴心先有約	花燭洞房春
七	六十乂丹	蘆花宿雁	霜月啼猴
八	二十八乂	順風前進	無往不利
九	卅八乂	春色上枝頭	光輝滿玉樓

六百五十　の十ㄨ日　白虎与青龍　吉中防有凶

一　廿ハㄨ　山川動色　草木增輝

二　廿ㄨ日　丹桂一枝　秋風得意

三　の十日九十　時雨滂沆　鼓復竟天大有年

の　日十ㄨ日　萬里無云月正中　南樓笛管燭揺紅

五　ㄨ十ㄨ日　北塞寒霜　群隊貔貅齊出獵

六

七　卅九の十　半夜云迷　曉開霧色

八　花甲之春　數已早定

九　日十ㄨ日

六百六十

一 異姓為嗣 承立宗祀

二 身居九五 撫綏黎民

三 七十八 今日回西去 眼前尽是虛

四

五 六十八 囍花吉慶喜騈騈 一似高樓望月圓

六 數已無 楓樹紅如二月花

七 內庭有賢荊 命中多福助

八 卅四 朱雀招搖引得來 一場須惱怎安排

九 四十四 孝服相侵 有損萱親

六百七十

	七千九 千九	善應有餘福	守舊自無殃
一	六千八七	韜畧胸中	功名馬上
二	卅八七	德足潤身	無往不吉
三	卅九 四千九	賤律回春綠	日日醉春風
の	四千九 千九	君若問寿	四十四上有阻
五	二千八 二	巫山一片雲	血淚洒萱花
六	四千九 四千	受过一番寒徹骨	春到南枝梅自香
七	六千八七	名世律人	熙熙領恩
八	六千九 千九	萬事俱已備	今朝樂可濃
九			

六百八十

一　〥千〨　諸事宜謹慎　無是亦無非

二　六千の〢　事未完　錢財入手還歸去

三　の千〥九　數定不當招祖業　權饒貴富也消磨

四

五　の千の〣　消災獲福　修身可得

六　卅〥千

七　〧千明〣　榮華半憲向自歸　提風防雁且開言

八　〦千明〣　前有朱雀　後有玄武

九　數有前定　父喪無母

六百九十 七十八七

一 廿四八
二 七十二
三 口又
四
五 廿四三
六 卅六十
七 四十四八
八 廿二
九

徐步當有室　閑门且養心
五陵年少　黃金相擲
乍識云程路　应有上天梯
琴瑟兩和偕　前生緣分深
泰運漸亨　无往不吉
椎姿英拔　長嘆一聲天地闊
鞭敲金鐙响　盈耳凱歌聲
未得時雨　结实穩足

七百零

一 二 三 の 五 六 七 八 九

五千千九 五十八四 四十二 七十八七 七十二 の十八七 廿八七

经营山外覓黄金

寿之の十六歲

福降臨门

望梅不止渴

顺水行舟

山外黄金立称心

数中有阻

其年有慶

画餅不充飢

主人快樂

七百一十

一　の千八七　心寬体胖　意已誠矣

二　不千千九　黃花芳菲　景色無窮

三　の千八七　春来綠碧桃　喜氣樂滔滔

四　不千ス口八七　白髮蒼蒼　骨肉相拋

五　卒千八七　啾唧啾唧　無安不息

六　の千、二　不食世穀　且歸泉臺

七　卅八七　口舌如麥　破財無福

八　廿の三の　会得漁人引　桃源在目前

九　口千千九

七百二十

一 早十二 大有所得 德之所至
二 十二 黃鶯出初 未識東與西
三 二千卅九 芙蓉映水 秋月正圓
の 運逢龍馬必然興 財源茂盛吉星臨
五 卅二 迷失從前路 桃源尚可尋
六 の十二 地凍冰堅惟利奔走 壽鳳呈祥國無殃
七 の十の
八 早十の 丹桂一枝香 倆占東風爭顏色
九

六十八卅 知足便是富 安然須是福

七百三十

一　二　三　四　五　六　七　八

三十七八　食有魚出有車　心自安意自舒

八千二　兄弟八人　合此五刻

八千二　福星來臨與　步步吉祥生

七十二　蒼松翠栢　越老越精神

四十八　閭閻無犬吠吠驚　蒼鹿起甘棠棠誦

卅八　已得靜中意　囂然世所惡

數已無　黃州菊瓣落塵埃

七百四十

一 二 三 四 五 六 七 八 九

四十四三 三十四十九 二十四三 三十四十九 四十五四 六十八十九 三十、二 三十四三

先弟九人

峯頭翠欲開
上林春正濃
行末空谷
諸事盡成無阻滯
柳深陶令宅
三春景色媚
一望平他穩

合此五刻

輕云去又來
作事漸亨通
水遠山遙路款居
尤如順水放舟船
竹暗歸薑園
暢意樂無窮
從此少風波

七百五十

一 二 三 の 五 六 乂 八 九

仐ご二　三十八乂　十の彡　乂十彡の　卆十丶二　の十卆九　卆十の彡　卆十丶二

如飲醇酒　精得其味
浮哭相侵　風寒宜慎
世事不関心　間末与酒憐
目送浮云静　心悲湖雁声
閨德雍雍達母儀　相夫旺業叛先知
思衣得衣　思食得禄
意迷心不迷　事寬心不寬
先有夜前约　方期月下盟
雲無心以出岫　鳥倦飛而知还

七百六十

一 口十八乂 流年欠通 破財匆匆
二 二十三 天氣半陰晴 鮮花偏不遇早春
三 卅八十 財源茂盛吉星臨 好似鮮花向日開
四 款收門下三千客 熟讀五經七卷書
五 の十八乂
六 口十六の三 總得舒眉又舒眉 一生欣戴有誰知
七 の十の三 荷弓射魚 非具器用
八 芝蘭生雨露 早歲受顛連
九 口十八十 花開半夜 影入庭中

七百又十

一　卯子二

二　廿八丑

三　卯十八又

四

五

六

七

八

九

小心翼翼　臨事無成

君若向壽　五旬之外數必停

運有不通　日色朦朧

軍机叅疊　妙美勝當年

數已完　西風功下透衣寒

壽享四旬有八　一關險過

少年愁盡艱辛　晚景享通安樂

夫對火年　剋數方准

少年晚景皆榮茂　惟有中年運不齊

若向壽數有多少　六八之中便滯停

七百八十

一 卌の〻 得意欣逢貴 蛟龍已出淵

二 卌の〻 生計在他州 经营利自悠

三 仁義存忠信 前程事事通

の 卌の〻 正正之旗 堂堂之陣

五 卌卆九 心事徘徊 终日憂中猜

六 葛藟施樛木 前程自有期

七 罕の〻 如臨深淵 如履薄冰

八 卌〻 月中丹桂子 向夏待秋風

九 罕の〻 吉人相濟力 謀事可成功

七伯九十

一	卅入廿	步步怕寒湿	其实执未免
二	九十	運尚迍遭	破耗不須言
三	卅入廿	流年不利	病符馳至
の	二千卅九	運謀措示	三軍司命
五	卅の六	椿樹將傾	蔴衣流淚
六	卅入廿	浮萍又無米	忧惱有驚惶
七			
八	卅の九	今朝春色過亭台	自是東風送得來
九	卅の六	梨花満園系	一枝春帶雨

八百零

一 二 三 の 五 六 七 八 九

日千六千九　の千六千　の千八又

早暮黄堂在水涯
兄弟七人
竹影連山影
棹破江中月
知君国手超凡品
女嫁男婚
劈竹为生
惟我生涯劳苦

乘風波浪去还来
合此六刻
松声向水声
浮家作主人
蜀（局）清風爛斧柯
凡事礼儀必用我
利微業薄
終朝水磨相柔

八百一十

一	二	三	四	五	六	七	八	九
			二十八			卅九 四十	二十四 三	四十 四十九

双拳遊四海　一枝走天涯

未曾出世數先排　運晚妻遅命裡談

神仙畫玉珮　卿相解金貂

若問平生事　招牌賣酒家

流年多吉慶　又遇吉神扶

姻緣不上滙　團圓不到頭

昨日在宮爭日月　今朝奪得錦衣歸

仰天大咲出門去　好向黄泉尋故人

八百二十

一	二	三	の	五	六	ㄨ	八	九
の十八口	六十ㄨ口	六十ㄨ十九		の十八ㄨ	卅二		七十八ㄨ	廿二

若问子生事　手扶作生涯
潮平两岸阔　风正一帆悬
已悞空中色　方知色是空
霹雳一声风雨至　龙飞凤舞降祯祥
姊妹夜开十一枝　先天数定分差分
早暮有惊鸶　慎之亦无失
积丸厌砂　业定无差
归期爵位高　陞高着紫袍
蓝田曾种玉　沧海有明珠

八百三十　の千卆九　回首從前事亡非　今朝相別淚沾衣
一　の千の三　龍劍出塵光射斗　財源福輳利亨通
二　二千卅九　東風徒繚起雲烟　好花未得遇春天
三　二千八千　天賜吉祥添利益　大鵬初展翼乘云
の　六千八千　要知端的事　猶隔萬重山
五　莫道賊甲无威武　將軍往往起行間
六　の千八七　冰輪光滿　皎色浸樓台
七　最是一般清趣味　隱居不從樂昇平
八　六千二
九　九千二　堂前無限事　而今一旦休

八百四十

一 二 三 の 伍 六 七 八 九

二千八四　二千八五　四千四三

六 五

胸中自有甲兵　豈可老於筆硯
孝思罔極寔哀哉　蔥葉永別已沉埋
初運淹滯中運通　功名芽艸馬嘶風
鳳凰棲于山　五彩炫人目
奇芝一朵新　婺星天上輪
善固疆場　守備之職
閫外威嚴　壯山河之色
鉄劵勳名　會看將入相
東征西討　趕散繁華景象

八百五十

莫念故鄉生處好 可謀利处便為家

一 九十

上將有良策 敵人無壁城

二 の十乂毋

水急有舟休喚渡 月明無伴莫孤行

三 廿、二

の

白日陽光雷車避藏 并獲糧穀喜脫無咎

五 卅、二

現成得子數天然 可繼宗祧樂晚年

六

為人種德 子當獲福與家

七

八

踐涉經多少 方緣遇坦夷

九 の十乂毋

八百六十

一　の十平九　礼佛与焚香　正好修行自在

二　の平十八爻　太平外職起　目下有佳音

三　卅二　莫道旧年常下雨　今年还有不晴天

の　非詩即画終朝裱　万幅单条日日糊

五　卅八爻

六　廿八爻　朱衣暗識文章輩　雁塔題名姓字香

七　花開正是春　只怨狂風夜雨催

八　早の

九　六十八爻　權略時常在　机謀獨出群

八百七十

九十八乂

一 罒十ス卄 夜寒曉露 淚湿羅衣

二 卅の三 泮水芹香 宮墻登慶

三 六十の三

四 卅八乂 芙蓉芍藥兩靜奇 秋卉春花各逞姿

五 口十二 登崑崙入天門 向惠覌見仁君

六 六十ス卄 途路崎嶇 征夫憔悴

七 二十八 翠幙珠簾未上鉤 清歌宝鏡自相持

八 口十ス九 功勲同衛霍 恩寵逾蕭曹

九 卅九の十 師旅已動 牧馬悲鳴

八百八十

一	二	三	四	五	六	七	八	九
二十卌九			九十	二十二		十五	十八	

是歲萋萱枝　滴淚只自悲

問名与利　馬頭龍尾

莫謂故鄉風景好　須知異地有黃金

稚子何靠　天奪太速

天边雲際　生涯今朔未定

堂前拜旧姑　非夫嫡父母

嬌羞夜解語　温妻亞有兴

先与其兄皆百歲　豈知乃弟是姻緣

八百九十

一　一の十二　豐庠庠门　儒林吐秀

二　自為異鄉鬼　䰟游子覓声

三　廿の三　月色朦朧星未明　却逢兔伏馬白行

の　宦居家宰　位鎮百僚

五　廿九　卅九

六　綺羅勞碎巧無窮　針線當力奪女工

七

八　師歸其弟　妹嫁其兄

九　廿二　冬去漸交春　楊柳枝頭鳥正鳴

九百零

零 六千四三 鬱無惟氣 志當益壯

一 七千四三 祿從天上降 喜至不須求

二 四千五四 呈勁節于松筠 吐幽芳于蘭蕙

三 七千八七 鸚鵡鼓其翼 輝光照國色

四 三十二

五 八千八七 官符星照 難免破財

六 四十二

七 四千五四 楊花作雪舞空中 點點飛來綿作絨

八 八千八七

九 九千二

九百一十

一	五十二	寶鏡革寶前	莫道青鸞舞
二	卅四十九	可以當有	安樂無憂
三	廿八又	寶鏡塵朦	浮雲蔽日
四	四十四六	腰間寶鑑橫牛斗	從此前途路漸亨
五	廿卅九	百花鬥爛	風一雨一長嗟嘆
六	八十八又		
七	廿三	惟看天分至	前路有人扶
八	卅四十九	雖有吉人扶	浮災定難免
九	卅二	白帛相逢有鸞	回頭及早掩重門

九百二十

一 二 三 の 五 六 七 八 九

四十八以 錦綉園林萬物新 千紅萬紫競爭春

十二 漸吐嬌姿色 盈盈水上花

七十八以

四十八以 萃蘆靜掃無塵跡 獨有蘭香噴鼻來

七十二 秋菜隨春老 志苦又心勞

卅六 一园花柳昏迷炯 暗暗昏昏色不鮮

七十五十四 東园花正開 西园果已熟

卅九四十 昨夜報春信 東風入錦城

翁望北土夫屬木 方合此刹

九百卅

一　二　三　の　五　六　七　八　九

卅〤口
の十〤廿
の十〤廿
廿十八〤
の十の〣
卅〤廿
卅〤口
卅の十九

帰人未上坐
三星在戶
艷陽天氣
木火之年
雲開滿月
求名獲利幾難逢

風中燭影搖
明月一鈎
滿園桃李色鮮妍
秋試成名
箭截秋風
今朝大運漸亨通

九百四十

一	二	三	四	五	六	七	八	九
十卅九	廿八乂	八十の三	六十九十		四十又四	卅又四		四十又四

紫燕呢喃　穩棲画樑

曉妝梳白郎　對鏡自歡然

今朝辭別歸西去　回首從前事了只

莫騎道上乞驕馬　休放江心失舵船

結歸生前夢裡緣　聘妻未娶已昇天

正是賞玩天氣好　只恐春風怨杜鵑

九百五十

一 二 三 四 五 六 七 八 九

廿〇

半十入卅

半十入卅 半十四三 廿入卅 四十半九

二月春困眠
夜前月下结私盟
拖泥帶水
杜鵑教一不忍聞
血戰幾場只為國
檢點麻衣痛斷腸
戲抛蓮子種橫塘
做出新般新故事

還有寒冰凍樹頭
到底洞房花燭夜
改換門庭樣一新
閨中流淚染麻裙
漫云四海姓名傳
西風泪洒月三行
会看今朝蓋着傳
收成點綴舊規模

九百六十　口十入中

一　口十卆九　與君三杯酒　閑來一局棋

二　十八乂　日暖風和　柳綠桃紅

三　十卄九　可憐未識人間樂　已作南柯夢裡人

四　六十二　泮喜採芹君更早　洛陽年少美難儔

五　六十四三　春到百花開　蜂蝶為誰忙

六　口十入中　日暖玉樓春正好　携孫挾子尋芳艸

七　六十入中　湖平舟順人行喜　君當如意波長江

八　卅入中　一天風露冷颼颼　殘燭光搖欲淚流

九　十二　春寒花不發　含笑柳梢頭

九百七十

一 二 三 四 五 六 七 八 九

卅八七 四十乂千 十廿九 十二 四十四三 四十四三 卅八七

劳碌成家業 助夫益子孫

廣寒一枝桂 移向空中栽

鮮花一朵遇狂風 吹落枝頭几瓣紅

錦帳春風暖 鸞凰致綢繆

牡丹花露湿 天边瑞氣濃

大体無傷小破財 不須煩惱且開懷

舌戰公庭 勝雄士之十萬

九百八十

一	〥十〨	官非相生	有千多沛
二	〤十〢	欲求無限福	早晚佛千声
三	〦十〤〥	飛雪映粧台	哭声內外来
〤	〤〥十〤〥	户安牢関	提宜謹守
五	廿〤〣	烏鴉遶門鳴	口舌又相侵
六	〧十〢	松柏冬来耐歲寒	福運逢巍巍心自安
七	卅〨	〤季生財運自通	二月春花開眼中
八	〥十〤〥	園內葵花向日傾	風從花孔過来声
九	〤〥十〤〣	瘦嶺遇臘梅生花	花中樹木来為林

九百九十

一 [illegible] 子陵避隱山中去 万古流傳名節香

二 卅[illegible]

三 [illegible] 喬祖而具 遺業难守

四 [illegible] 閑中一声佛 偏是無量福

五 [illegible] 仙坛与佛塔 功課好修行

六 十八[illegible]

七 廿〇三 滿眼榮華總是虛 匆匆収拾歸家中

八 三〇 孝服相侵 命中数定

九 [illegible] 自天保之 吉多不利

〇十九 胆氣横居敵 功名須次第成

地數

七千零

一　本八四　一樹桃花　南枝復茂

二　卅二　扶杖過鵲橋　山高路又遥

三　廿八七　憶惜寄人廊簷下　喜得今朝自立门

四　　風雨連宵　愁人懨倦

五　卅四三　日出紗窗紫氣浮　流鶯枝上报新晴

六　　白髮喜相逢　有眉寿如松

七　廿八七　前有坎缺　幾失其望

八　卅四三　丹桂一枝　秋風得意

九　廿二

十

一 四十二
萬里無云月正中
南樓箏管韻和仝

二
出言無忌
招禍破財

三 四十九 四十
半夜秋風起
殊雲霄色開

四 廿五 廿八
謝安昨夜窓生白
為报瓊瑤十丈高

五 四十七 四十八
遇々匪人
幾被其傷

六
正妻無子
偏室有兒

七
湘江大夫有舊
特地相招

八
能知律侶之音
善調韶武之樂

九 四十七 四十八
扳緣附葛
前生已定

二十

一　の千八仟　黑霧迷漫　對面不相認
二　二千卅九　東風吹得草萌芽　十里青山徧物華
三　七八　歎々蜻蜓　悞那蛛網
の　卅乂口　妄端開戶是非生　不道蕭墻禍又隨
五　卅の三　塞馬走長途　回頭紅日落
入　妻命戌辰生　註定烟缘
匕　の千早九　中流有石　操舟最宜仔细
八　の千の三　冲風曉行　寥落晨空星
九　卅八乂　廿乂口　煩悶憂多　强為歡笑

三十

一　二　三　の　五　ス　七　八　九

卌ス毋　の十二　不十三　廿八七　卌ス母　毋十三　不十ス毋

乕伏山崗　行人有忌

年當大有　尔我相賀

迷途歸人　身名俱喪

苦盡甘來　耐心咀味

拖泥帶水　道路崎嶇

改姓移名作過房　隨母嫁數丟居

原來命蹇不由人　功名富貴等浮云

春光正好　花姘柳媚

鸞鳳翱翔引慶來　華堂春煖賦筵開

四十

一　二　三　の　五　六　七　八　九

卅の〣　ロ十〥ロ　の十の〣　卅〥ロ　ロ十〥ロ　日十〥ロ　卅八七

鏡中之花　可玩而不可得

喜多相臨　门庭之慶

目也紛窓　人事淫容

錦上添花　倍增其色

父命屬猪母屬鼠　先天已定

好運既轉　所往皆利

禍患相侵賴解神　千里黃河水忽清

功名莫蹉跎　年未之年便發科

東風拂面寒　花開雨后落欄杆

夫妻緣薄不相宜　半路分飛各別離

五十

一	二	三	の	五	六	七	八	九
の十の三	の十乂十	の十八七		卅の三	五十九	卅乂十	五十の三	の十乂十
移玄接木	蛟龍困于淵	我是那婚夫之婚	流年運不同	月度云中	黃金埋于土中	水流夜度	鳳樓棲棘	得子相逢
幸根不壞	未可施用	姻緣註定不差分	好夜雲遮夜未風	其光暫掩	未得其用	春意闌珊	為鶯雀所笑	旋為弔唁

七十

一 卅の三
高山流水之調
恰有知音

二 卌の三
嬌花帶晚霜
淚洒濕紅袂

三 卅八七
鳥不知所止
為蜀弋所傷

四 の十の三

五 卅八七
班之白首
得看眉之慶

六

七
良人有刑
再嫁丁卯生

八 卅の三
飛之柳絮白如綿
山北山南泣杜鵑

九
函書相逢
表妻得子

半

一　丕十二　黄炉葉乱霧凋雲　独棹孤舟夜正深
二　　　　　三十年來莫問妻　暖妻不死也分离
三　の十の三　天喜哀門　喪夫得子
四　　　　　血淚沾濡　喜多会少
五　　　　　紫微光照　位列三台
六　廿八四　清閒處々有微名　鉄口來都判死生
七　卅の十九　堆移千恨一但俱釋　人事漫心漸有進益
八　卅二　朧形々春信至　先放一枝梅
九　廿卅九　鮮花不減舊時紅　南園雨過又逢風
　　　　　春光次第入門來　桃花開遍杏花開

九十

一	二	三	四	五	六	七	八	九
廿六四	廿卅九		七十六四		五十五九	六十七十九	卅八六	卅四十九

夫妻如魚水　琴瑟兩和偕

青天白日　鳥弄妙音

夫妻同丙子　註定好姻緣

楊帆江上順風吹　千里前程不日回

南園種柳　北園安受其陰

小人謀事　禍家星散

七百零

一 二 三 の 五 入 七 八 九

ロ十ロ十九　の十入日　の十入日　七十八二　廿入日　廿八七　廿二　の十九ロ十

人事如何歟
数沃得手
奔走盈山
老樹落葉
葉密枝繁藤附纏
十分春色
数有十子
顛倒無常
非困事指松

囊有盈珠倉有粟
生計盈山之外
一任疾風暴雨
鶯去無事日間長
錦毬和氣閙笙歌
五子送老
祇餘多病
幾損其軀

一百一十

一 二 三 の 五 亽 七 八 九

五千の三 の十六千 の千十二 卅六千 廿の三 の千九千 廿六千 廿二 の千の二

千里長安路 一湾新月 望遠相扶 父母同屬龍 馬頭有崎路 黄鶯出谷 見色攀花 一江風雨出難頭 錢財耗散

烟塵促馬歸 伴我黄昏 財喜頻頻而至 先天數定 一轉候人行 從暗就明來 可以無患 釣得魚兒失卻鈎 如雪湯澆

一百二十

一	四千二	滿山是金	深藏無獲
二	四千五百	福履悠悠	家門迪吉
三	二千八百五		
四	四千二	子陵湘上	烟深水闊
五	四千八百七	輕雲擁月	過眼朦朧
六	廿卅卅九	波喳波喳	重疊暗有歸程
七	十四三	雲迷山色	樹木模糊
八	十二二	三春夜鳥	遍遠景色
九	五千五百	屬牛之子	不是親生

一百三十 卅の十九 中秋月色 分外有光華

一 卆十八七 知已論止 解我愁悶

二 の十の三 馬遇康莊 可以馳騁

三 玉人有刑 再娶丙辰生

の 廿二 憂喜相逢 巧中成拙

五 卅ス四 微〻細雨昇晴天 惱人時候運相連

ス 卆の三 謝安選勝東山 終朝歌頌

七 十の三

八 卆十十九 玉洞桃花 錦綉横波十里

九 回首不見妻兒面 路逢那病裹殘生

一百四十

一 二 三 四 五 六 七 八 九

二十四三
三十六
廿 卅九
卅四三
廿 卅九

日色照千里
客旅他鄉
月落星沉
姑命屬馬
夫命屬蛇
喪明之憂
花柳明媚
丙丁之年

風散雨痕收
不意得一知己
人在暗中摸索
准數
數定姻緣
同卜離不免
素色三分
望榜題名

二百五十 卒卯三 夕陽雨過 一片彩霞明

一 生涯本有数行書 常伴青毡度歲末

二

三 若欲問妻兼問子 不傷心處也傷心

四 数中属犬 承継児郎

五 壬十二 豐年穰穰 衣食饒裕

六

七 卅丑 调風布賑 天氣晴明

八

九 廿卯三 歆缶迯有 微雨弄晴天

一百六十　卅の三　南枝玉影度欄杆　寂寂柴门夜色寒
一　十卅九　白雨臨垣　豈帅傾萎
二　云掩日光　行藏塞滞
三　十卅九　盤根錯節　堅持利器
四　早十八千　東南西北　到处有逢迎
五　夫命甲午生　姻缘已定
六　卅二　書天應星云　俄然大雨傾
七　卅八千　花發上林　錦纏奪目
八　喜飲幾杯　前生生禄
九　の十八千　謀望無憂　貴人相逢

一百七十

一　二　三　の　五　ス　七　ハ　九

の千八七　卅の千几　二千卅几　卅〻　二千卅几　十廿九

夫命屬土　　合數

寒窓無暗雨　底事正愁人
壁中寶鏡　滯中有明
楊士夫雪亂　潔白遍粧台
江州司馬多情　青衫淚染
莫道無意得　富貴自天來
双目不明　數中已定

一百廿

一 二 三 の 五 ス 七 ハ 九

廿ス日		不測之掛	未可以身輕試
二十ス日			
日十不九		突梅相親	大小有失
日十不十九			
二十の三		內外有陰謀	吉神化解多
卅二		惟有帰嗑入	无害亦无咎
卅九の十			
		早菜无榮辱	春萱壽亦長
不十の三		魚遊春水	洋々繼尾
三十八七		一双嬌鳥向人啼	一隻東來一隻西

一百九十 七十二 薏苡被謗 可以退思

一 二十四三

二 二十二 人坐春風中 有融融樂意

三 六十七十九 引太白于北窗下 悠然自得

四 兄弟三人 各毋所生

五 四十五十九 中流放楫 波恨歇與

六

七 二十六十 海棠帶雨 紅淚濕羅羅衣

八

九 二十八七 表门星臨 有哭泣之声

二百零

一　二　三　四　五　六　七　八　九

四十六二　　廿廿　卅九

田土安和
紅鸞加白虎
杏在深處
此命相招有貴人
父屬牛母屬鼠
柳絮漫空
双胎之子
衣食艱辛
福履綏之

兄弟反成仇敵
喪妻而得子
摘取一枝末
北山猿嘯易成名
先天已定
珠簾垂雲
一個先傾
生涯猛浪
子孫其昌

二百一十

一　二　三　の　五　六　七　八　九

二十の三　二十九卅　　　　三十七八　七十九卅　二十八七

凡和日暖　俄然云起又雷声
鬼伏休前　非殃相觸
出必須昭祖業隆　安然享福樂意懷
綠停桃花　楊妃美貌
南山松柏　偏有榮之星
太陽東升　氣象一新
一朵輕雲　夫帶陣踈細雨
若問寿數　五旬有〻阻（旁注：一阻）
以忠厚待人　人偏以忠厚相侮
近貴人有利　亦可圖名

二百二十 十ス卄 數定得子 喜上眉尖

一 の十、二

二 六十 七十九 到此數已定 遊魂已去兩相憶

三 註定先天挨庭行 到頭兄弟也成雙

の 大風吹倒荊枝頭 一日團圓叙妃嫂

五 七十 八十九 福自喜來 事不謀而自合

ス 十 廿九 喜之未已 憂復隨之

七 二十 八七 得之無益 失之無心

八 直性剛而好合 一言有犯不能容

九 八十 の三 臨風回首 攬鏡而嘆

三百三十

一 の千八七 行程有大功 鑾路有泰通

二 東翁能直言 不惧人嫌

三 父命為難 前生已定

四 辛苦經營 無學利獲

五 君家若问寿 五旬之中數必停

六 鱼遊盆内 末遂迺優遊志

七 日千一二 兄自東兮弟自西 一双鴻雁两分離

八 順遂流年 宅家有慶

九 卅廿ス日

二百四十

一	二	三	四	五	六	七	八	九
卅、二				九十六五		二十、二		二十一二

行事慨慷
數有不平
三黨親疎
黃圡開遍
走遍他鄉
豐厚有慶
枕蓆之伴

意氣如虹
外郡之身
六親冷淡
晚景榮華
婚有大過
穩足無求
不期突至

二百五十

一
二
三
の
五 の十八
六
七
八
九 卅二

夫大十二年 前定烟緣
功名不當成 書外覓黃金
貴人相引至重山 重山之外積黃金
隣人不和 互在陰謀
生涯年世撥客名 奔走長途空費神
豈知腐草之餘 復生螢而有耀
數定先天 螟蛉為猪
妻命丁亥生 註定烟緣
兄弟五人 合此四刻

二百六十

一	四十十八七	兔兒遇雞走	此時报佳音
弍	十廿九	催官星現	九重恩詔自天來
三	六十六十九	昨夜灯花报喜	今朝綠竹生芽
の	四十六十九	數該得子	
五	十八七	擁炉圍火	暖氣侵人
六	十二	連年疾病纏綿	將來脫解
七		寒風辣辣樹取凮	灯火昏昏夜雨濃
八	十の三	夫命屬金	此刻方准
九		寒暖無常	動靜安康
		勿以生女相嫌	原來數中無子

二百七十 〤十〤三 流年未遂 正在顛倒之鄉

一 十八七 三陽初轉 梅花幾點綻出之英

二 廿廿九 人不稱懷 圖謀遂意

三

〤 〤十〦〤 年末家計消磨 大半剋刹六親

五 良人有刑 再醮戊戌生

〦 次妻屬火 方准此剋

七 慈親去世泪如泉 又喪妻宮實可憐

八 〥十二 謀之有成 得心應手

九

二百八十

一 二 三 四 五 六 七 八 九

四十四三

十八七

四十二

孤燈當風
幾拍其焰

幼不逢財
壯年挫志

早歲無榮無辱
中年有祿有財

一聞雞報曉
名姓達天聰

涸轍之魚
溥濯斗水

敬飛後
事完

桂子月中落
天香云外飄

二百九十

一 二 三 四 五 六 七 八 九

二十八 二十九 四十八 六十二

高山雨変
夫妻同歲生
白玉埋于泥沙
浮云蔽日
生涯當有変迁
能酒能性最豪
一生浪子
事事至開頭

右手浮志
姻緣前以定
未得圭璋之還
花開無色
舉意必須慎動
再來事業付兄曹
名利兩無成
進退俱未可

三百零

一 二 三 の 五 六 七 八 九

の十一二　十七八　二十の三

难招祖業　摠有也消磨

弄其文墨　恒多飛禍

年当破財　宦非疊来

非儒亦非技　浪跡為活計

山岡轉過　尚多崎嶇

次妻屬木　方合此数

得上貴之相倚　可与圖其大用

三百十

一 二 三 四 五 六 七 八 九

四十二一

四十四三

父母同屬雞　先天數定

朝走東兮暮走西　年末幸苦強支持

經斷大不祥　椿枝吹落更悲傷

數有十一子　三子送終

傍貴成家積玉金　貴人相得喜盈心

鴛鴦失偶不可當　何期萱艸又悲傷

三百二十　二十八比

一　二　三　の　五　六　七　八　九

の十八比　の十九早　卅八比　の十八口

陽和景明　春風解入

夫命已未生　註定

智術能巧取　巧取又成拙

囊空苦總一文錢　巴巴急急幾經年

運限將盡了　行人已速程

椿枝幾落恨終天　何期泣斷使人憐

踪跡若浮萍　行止總無定

姊妹の人　在數

三百三十

一	二	三	の	五	五	七	八	九
三の	廿八五	卅一二					二十一二	

五內之究　飲食戒重

終身飄泊恨無家　牛背斜陽事轉賒

好花未結果　風雨始相催

你女我媳我子你婿　汝子我婿我女你媳

沐浴相逢奈若何　數中應破兩三夫

賭錢無益　遲早回頭

粧台塵鎖　常倦登樓

帳褰無云　早晚風捲楊花

三百四十

一 二 三 の 五 六 七 八 九

二：六十の三
三：四十二
の：九十
五：九十
九：二十 卅九

十二子屬木
正妻乏子
紫微光照
貴顯高門弟
十二子屬水
花將開而雨妬

合數
偏室有兒
特加勅命之榮
托祖宗之遺蔭
數定
縱然榮而不榮

三百五十

一	父爲猴母屬馬	先天以定
二	兄弟六人	合此五刻
三	雖積富厚	須積心地而保寿
四	君若問寿	五十有六
五	早喪双亲可奈何	蓼莪三覆泪滂沱
六	翁作父母作姑	前定之數
七	多逢辛苦	六亲骨肉无缘
八	禹悄龍吟	名聞天下
九	暮楚朝秦	生計无定
十此	庭前芳草正凄凄	一夜風霜草色微

三百六十

一 二 三 の 五 六 七 八 九

二十八七

卅の三

師命屬鷄
桃李正芳菲
秦樓不睦
妻小二十二年
若向天年
我命之數

先天註定
東风正及时
兵連禍結
數合
六九有阻
一生勞苦

三百七十			
	丗〤〇	矩鳴山谷	榜踵云非
一	二十三の	其年可向名	人謀鬼合机
二		父属犬母属蛇	先天已定
三	〇十八七	際會蹉跎莫向天	不必奇拙度流年
の			
五	二十〤〇	三春飛柳絮	白燕到華堂
六	〤十九〦十		
七	の十一二	長江風急仮濤湧	渡口偏舟繫牢拴
八	〇十八七	家室未有安	眉頭到此止又攢
九	〇十八七	病患不可測	不但神嗔鬼又責

三百八十

父死非命　前生已定

一	七十八廿	客阻藍関	寂寞夜未寒
二	二十四三	一泓泓水碧沉沉	魚蝦遊躍動波紋
三		走遍天涯	故友劝其歸故里
四	夲八廿		
五	卅八廿	囊中未收拾	有犯群凶併力謀
六	夲八廿	人事慢相求	黄河水送流
七	十八七	月朔西廊夜未央	子規啼徹斷人腸
八		佳人遅配方偕老	奇遇陰人在壮年
九	四十二	人事紛紛	鵲噪鵑鳴

三百九十

一　二　三　四　五　六　七　八　九

十九　正值曉烟迷柳色　未卜長停遠近何

頭角崢嶸　鬼見相逐

廿九　疾風暴雨　墻室俱傾

真假五子　得以送〻

廿三　勞〻碌〻度流年　已得安閒日欲西

卅四　南軒纔雨過　頓爾解煩囂

无橫〻安　慎其謀客

四百零

一　二　三　四　五　六　七　八　九

四十八九

廿六口

口十四三

四十六口

一二

長途躑躅馬蹄輕　朝入燕兮暮入秦

一村又一村　前村未許暫消停

築就東墻　傾其西壁

風雨無憑　鴉棲茂林

出胎臨吊客　孝服又交加

妻小二十六年　姻緣已定

四百一十

二十四三　科名光顯　獨步文場

一　三十六四　宦符重見侵　閑門逕有是非臨

二　八十六四　潮湧江頭　雨晴水潤

三　我財聚散　數不可過

四　卆六四　和氣福陽春　拱賀祥光事事新

五　四十三　數談得子　反覆未定

六　卅三　力小任重

七　八十六四

八　卆一二

九　禍患相侵　頼有神解

四百二十

一 二 三 の 五 六 又 八 九

卅八又　十八又　二十八又　十廿九

魁壓群英　名聞天下

徒弟三人　送之只一

梅之幾片苦為情　三夢斷孤山處魂

師命屬犬　先天註定

四百三十一

一二三四五六七八九

四十二
四十八
卅九
四十九
四十九
四十

數該得子
黄菊東籬逞正芳
晨昏相伴鉢中連
枯苗得雨
功名未遂勿灰心
又里雕頭一釣翁

師命屬猪

俄然一朵怯秋霜
夜得清閒在紫衣
浡然而起
夕陽牛背聽龍吟
幾番凄雨幾番風

先天註定

四百四十

一　二　三　四　五　六　七　八　九

卅九 四十　好運既行初轉　簷前鵲報新時

四十二　子規啼血因秋落　樓頭鐘鼓已三更

謀事乖違　東奔西走

妻得怯病死　皆是前生定

一輪紅日下西山　遠別家人惜不返

二十八七　楊花成陣　點着人衣

三十八七　明月轉西樓　朱衣暗點頭

崎嶇已歷盡　今得見通衢

四百五十

一	二	三	四	五	六	七	八	九
		廿〇三	廿八日		廿八爻			

花開先底池　枝結子遲遲
淋漓夜雨声　偏入愁人耳
整頓笙歌夜未央　就聞歡笑在昭陽
結髮妻宫生別離　壯年披剃着緇衣
閒関黄鸟　出谷鶯廷
妻命属猴　註定在数

四百六十

一　二　三　の　五　六　乂　八　九

十乂　花事更新　漸交春景

の十八口

丗命辛卯生　前定

廿ニ　慨〻悶〻　多少愁人恨

牛羊出現　前程有望

廿ご

の十ス口　晦憂偏人　朦朧度日

四百七十

一　二十八七　先憂後喜　當得適意

二　奪得驪龍頷下珠　忽然失却水沉沉

三　我是二婚夫再婚　姻緣註定不差分

四　四十四三　蓉菊轉色　曉露正墜

五　五十千九　長途人倦　回首馬歸程

六　二十八七　家室安康　流年之慶

八　二十八廿　兩峰互飛春雨盡　愁人寂寞倦登樓

七　父屬龍母屬蛇　註定無差

九　五人有刑　再娶癸未生

四百八十

一 二 三 四 五 六 七 八 九

二十八

不千人氏

君子未遇其時

路道坦途
入婿成婚命屬招
祖業大半凋零
晚年安閒好景

隱忍以待

可以平安
姻緣數定註不差
後人復而創成
凡事任意而行

四百九十

一　二　三　〤　五　〥　〦　八　九

廿九
卅九

丕九廿

運當陽九　利見大人

自居拮据　掙個不求人

治家儉勤多能　女中丈夫可敬

夫大三十年　註定

東〻籬黃菊止芳菲　送酒相看有故人

兄弟兩人　中斷惜离郡

伍百零

一		七子属木	合數
二		蛇見猪斗	此时多利高
三	二十、二	岐路蹬棧	東西不辨行藏
の		七子属金	合數
五	三十の三	春去開遍錦叢〻	天日晴和樂意濃
六	三十卅九	流年有孝憂	多在陽関戚
又	三十卅九	憂兆飛騰	科名高耀
八	八十八日		
九	の十八日	一道恩光下九重	封侯廟殞祿与窮

五百一十

一　二　三　四　五　六　七　八　九

四十八乂　六十七十九　四十二二　卅六四　四十六四　卅二二

夫命癸未生
母命屬雞
兩人相遇
立馬潮陽古渡頭
夢虽觉而未分
春王消息到
絲絲復絲絲
行人亦在路途間
父母同屬羊

合數
前定
唉歌而聚
以来長別數难留
听刻漏而聞雞鳴
先已报梅花
朝有饘兮暮有粥
馬頭話說到江南
數定無差

五百二十	二十九 卅九	山屌磨芽	得吉神之解难
一	二十八		
二	四十四	烦闷忧多	强如欢笑
三	六十八	得良医物剂	忽然病痊
四	四十四	万里光明	大開眼界
五		身玄能结子	可以勾擒獲
六	五十八	龍帰滄海	雲起飛騰
七	廿八		
八	五十二	渡江風正好	航順逆潮来
九	三十二	流年駁雜是非	三畫如霞奈如何

五百三十

一 二 三 の 五 六 乂 八 九

九十八乂 の十八乂 卅八乂 丕十の三 の十乂ㄖ 十卄九 卅の三 ㄖ十の三 の十ㄖ十九

到老貴精神　自閑心不寧

名利兩悠悠　春歸還是秋

玉人有刑　再娶戊辰生

渫雨問晴　茅屋逍遙

可恨宍生不自由　陰陽暗裏度流年

不是舟人奉不才　江頭風送實難開

作事多沾滯　雖免仔細尋

田園量穩　家室安康

頭生兩角　事多糾錯

五百四十

一　卅四十九　飛虎騰空　千里一息

二　四十六四　涼風吹落葉　脱木匿根深

三　七十八

四　二十三　一灣新月　偏坐行人

五　五十三　我是頭婚妻二婚　姻緣前定不差分

六　夜雨洒紗窗　愁人夢不長

七　二十四三　檻中有馬牢收拾　一往長途去路遥

八　四十四三　雨中荷葉　風動水珠淋

九　五六　母亡甲年　方准

五百五十

一 二 三 の 五 六 七 八 九

二十卅九

廿卅九

四十八七

四十六四

葭管飛灰
功名躡蹬
猴吊入院
豆灯桐虫

妻小二十の年

功名取之如寄
或逢之而不逢
伴入有成
注来大道

前定

五百六十

一	二	三	四	五	六	七	八	九
		宀千ス口	の千二	の千ス口		口十、二	二十ス口	七千ス口

數有五子
以子為室
深山大木
山路嵯峨未而行
巳之急之
明月照前溪
大限淵难憑
一輪紅日扶桑

送之只三
准数
得工師之琢削
蛇盤虎卧有憂驚
支持度日
歸来泪滿衣
芦医藥不灵
瑞氣隆之照画堂

五百乂十　のナのミ

一　廿九卅九　行道梅村又杏村　犬吠桃花遇主人

二　其人福厚　声振名揚

三　不ナミ　富有千鍾　屢增產業

の　廿ナス日　東来西去輪山溪　得個進人引路迷

五　廿ミ　修積孫編　獲一金鱗

ス　卅のミ　披麻不仁　突悔相侵

七　廿ス日　際会亨通　流年多福

八　廿ス日

九　のナス日　凉風几陣　能解煩渴

五百廿

一　二　三　四　五　六　七　八　九

乂十八乂　妻命辛卯生　數定姻緣

十九廿　退而為得　進而有失

父命庚寅生　前定

丙年喪母　合數

以子屬土　唯數

三十四三　幾立寒星　此之有滅

二十四三　晨雞已鳴　早促行人

五百九十

一	二	三	の	五	六	七	八	九
廿十の三					二十卅九	の十廿九十		

奇花並蒂依稀似　一葉東來一葉西
獲得金鱗豔豹駒　清風明月夜眠时
龍逢犬吠　喜報佳音
母亡戊年　合數
父屬金母屬水　妻屬土
送終亡兒　以侄為子
六親亡情　骨肉有刑
夫命乙酉生　合數
六子屬火　前定

六百零

一　二千八口　輕搖新綠　芙呼曉烟收

二　二千一二　候入迷魂陣　行未鬼魅向

三　の千八口　道路凡二里　行人莫向律

の　妻命甲申生　先天數定

五　二千一二　恨知音未來　憐殘冬云西東

六　二千八又　浮上最高樓　忘卻景色收

七　口千八又　被我相侵　口舌交爭

八　十九廿　浮子云喜

九　母云巳年　數定

六百一十

一 二 三 四 五 六 七 八 九

十〇三 待泉鑿井 豈能久守
一 六十八十九 松栢常標 歲寒不改
二 居九五之尊 百万称賀
三 〇十四十九 陰晴有不分 晚來闲霧色
四 廿五十 陽春烟景 大塊文章
五 文運闲天 科名高第
六 一二 週年合有实 霧色有空理
七 六子属水 方合此数
八 九十
九 兄弟五人 秦楚之争

六百二十 六千六卅 赤柳嫋嫋 行人暫息

一 卅二 鬼怪出頭 破財失脫

二 卅の三 高山之調 得遇知音

三 數有六子 送之只三

四 夫命屬雞 准數

五 の十四十九 朝霞如錦 画堂錦色

六

文 卅八又 際有淺深 福有厚薄

八 の十の三 一枝新柳開芳菲 走馬蹄蹤蹈紫泥

九 三の 丗之壬年 准數

六百三十

一 二 三 四 五 六 七 八 九

四十六二 得子之喜

四十二 白鷺窺魚 池塘水動

卅九 四十 比翼之拙 常处于巢

七十四三 大限如何 逍遥一别歌

二十五四 春風満面 和氣暢人懷

二十八七 一堤柳色 晴綠茸茸

四十八七 推車曲道 進退兩难

四十八七 夜雨初收 青山生色

六百四十

一　卒卯　東風解凍　依旧遇風

父亡乙年　合數

二　のヰ二　魚化為龍　彩云相從

三　父屬羊　母屬猴

四　十ス卄　枝頭小鳥　鶯鶻追逐

五　不ナの　馬隋上危坡云下　一躍而起

ス　のヰス卄　晚來風起　夜半宵披

乂　二十卯　春酒今朝熟　欢然醉必鄰

ハ　日ナ二　是是非非　僞实伏禍机

九　不ナ二　菊從正逢秋　當也有辭翁

六百五十

一 二 三 四 五 六 七 八 九

中十八

丕十八中

十八中

卅八

兄弟六人 中折惜胥群

踈却亲来亲又踈 一东偏々刻刹多

雞飛落井中 虽言危而有晦

五丁鑿丹崖拜 西蜀巳泰通

玉人有刑 再娶丙寅生

日照楼台光欲浮 紅銷一曲辞謳歌

六百六十

一		清灯而守	命犯孤辰
二	の十六二	浮子	
三			
四	卅の三	豆燭当風光動搖	紙寬淨索夜迢迢
五		良人有刑	再配戊辰生
六	の十一二	明月照湘波	清風泪洒多
七			
八	二千六卅	上得最高樓	回首白云低
九	四十の三	來多去已多	巧美足奔波

癸巳丁年 數定

六百七十　二千の三　山魅迷人　恍惚驚心

一　卆千八二　龍乕成佳偶　忘傷不到頭

二　十二二　寶鏡未磨　明中多滯　確然起而忘憂 不用

三　六千八　一卷青囊　普潤萬家霖雨

の

五　十八千　人在意中　遇之意外

六

七

八

九　の千八　橋斷路難通　雞鳴犬吠曉林中

六百廿

一 二 三 四 五 六 七 八 九

廿三 廿四 七十八 七十八 八十八 八十八 八十八

一居青題冷落人 低歌俺常几黄昏

已年衰父 合數

父亡三年年 合數

父要母木妻火生 方合此數

既知其足 自然無辱

骨頭不掛煩惱 心事安靜

漁竿優挑綠編鞋 釣得魚鱗已上鉤

閑塞其戶 四壁有餘州

油染其衣 身清垢臟

六百九十

一 二 三 四 五 六 七 八 九

	一	二	三	四	五	六	七	八	九
						卆八		四十四三	四十八
		父属鼠	冠裳众是同紂裳			春至多烦恼	夫大十四年	陰極陽生	受人欺侮
		母属猪	龍虎相逢姓字光			二月中旬卯分生	前定	天運循环轉	大破其財

七伯零

一	二	三	の	五	〤	七	八	九
廿八七	早十〤日	早十卆九	廿卅九	の早十〤日	早十〤日			卅二

波中未可渡

默守于中

枯木逢春

乘凡破浪

相如病于宝馬

天狗臨垣の十春

兄弟二人

昔年彈劍食無魚

洶湧有奔泉

听天主張

萌芽时发

揺轉斗極

際会难期

晚年得子莫憂心

秦楚不同盟

彈劍于今出有車

七百一十

一	二	三	四	五	六	七	八	九
四十卒九	七十卒九				三十四卒九	四十卒九	四十卒九	

七子屬土　准數

大開軒窓　高臥八荒

叠斷其路　往來不通

室人雞鼠配　方不妄刑沖

八子屬土　合數

海棠帶晚霜　流洞濕紅粧

光生合浦　龍躍于淵

馬首羊歸　謀為不宜

妻室可重配　子息亦宜遲

七百二十

一 卅卅 既乘其时 當展其用

二 の千の三 履進履退 事多舛错

三 十八七 玉人有刑 再娶丁丑生

の 宋八七 玉洞桃花 春風吹暖

五 の千八七 水深山路遠 風襟松声急

六 の千の三 龍泉掩泥沙 尚未拂拭他

七 卆の六 時之未遇 謀為竟阻

八 卅卅九 玉輪光满 夜伴清寒

九 十三の 春園之艸 日有所長

七百三十

一 二 三 四 五 六 七 八 九

年二
卅四
六十二

数有三子　得以送終
人事恍惚　朝夕相憂
父命壬戌生　数定
壬癸之年　鴈塔題名
癸年己父　合数
父属馬　母属鼠
身宮活計　口岦非粉而作生涯
片云施雨過　点点湿人衣

七百四十

一	卅二	八字屬火	合數
		安生不測授錢財	晦氣纏綿數已排
二	卅の三	牡丹開遍春園	國色天然自占
三		八字屬金	前定
の			
五	千九千十	舟逢波浪	若空若鶩
〻	十八七		
七			
八	千二二		
九	卅八乂		

七百五十

六十〤〨 秋艸迷烟怯晚霜 祇余黃菊滿庭芳

一 卅〤〥

二 結髮夫妻不和 添副可許和偕

三 の十〢〢 夕陽古道 行人正在徘徊

の 八十〤〥

五 日十〤〦 劣馬收鞭正在途 進而後退費吟哦

六

七 妻大十一年 前定

八 日十〤〥 桐桑之机会 進取須成功

九 卅〤 收羊豐艸地 可以翔有餘

七百六十

一 二 三 の 五 六 ヌ 八 九

六千以 馬至中途 拟中失呈

父命庚辰生 准数

七千以 行人迷路 走乞踪跡

四十九 六千 南軒秋霧色 喜氣工篇鈎

の千 六千

卅二 陰山積雪帰 三丈白云飛

の千九 四千 銀釭以 偏ゝ逗愁帳

七百七十

一 二 三 四 五 六 七 八 九

十 廿 卅
廿九 卅九 四三

翁屬龍
律暖回春綠
庚辛之年
玉人要得宅刑尅
隨風逐浪
八子屬木
南樓為報三更月

姑屬牛
芳艸自會焦
禹门汲浪
猪叫犬吠詩齊眉
可謀衣食
合數
子規啼日声悲切

七百八十

一	六千二	甜梅天氣	乍雨乍晴
二	卅四百三	倚傍貴人	富貴相尋
三	四十四百三	謀多而成少敗	不如堅守為高
四	四千六什	走馬困行	步履生妨
五		盃中蛇影莫疑猜	雖是驚惶无禍家
六	卅四百	武陵溪畔遇漁郎	引來仙境任君狂
七			
八	七千四百三	渡過波濤風始穩	小舟逐浪又生驚
九	六千四百三	朝暮飱粟	已受其昌

七百九十	の十甲十九	貴人遠望	得意春風
一		父屬蛇	母屬兔
二	二十卅九	財源湊合	攸往皆通
三	三十八乂	夜空風急	天氣愁人
の		柔順和偕	宜其家室
五	の十不廿	順風江上同揚帆	不道灘頭又遇傍
六	甲十二	未能長驅輿脫輻	一得貴人能整續
七	十八乂	太陽東升	江上新開氣象
八		夫命屬水	此刻方對
九	廿八乂	小順大逆	路逢荊棘

八百零

	一	二	三	四	五	六	七	八	九
		十一二	四十八十		卅一二			六十一二	一二十卅九
切莫向名	父水母星妻火生	盤石三安	时三未至	父母同屬猪	路道正崎嶇			舟逢浅水	綠陽堪繫馬
雨無成就	此刻方准	未能轉動	欲前又後	數定先天	多少費躊躇			大要难移	極目是風塵

八百一十

一　二　三　の　五　六　ㄨ　八　九

卅九〇十
艸木逢春
江村風雨

天狗臨垣六十春
晚年得子二妻生

十一二
蕩槳輕舟
又霞中流

六十九 七十
車陷泥沙
未能轉動

の十ス 四
示彼周行
无阻碍处

四十八ㄨ
芰荷香十里
池畔水亭香

良人有刑
再嫁戊申生

八百二十

一　二　三　の　五　六　七　八　九

の十八　卅石　の十八　の十二　七十 九　日十八

一枕清風　南軒開爽

父屬鼠　母屬猴

倚窗邀月色　掩映至南樓

星移斗轉　東風漸川

妻命癸卯生　數中早定

所以不合　命中之厄

福曜相扶　貞祥疊見

八百三十

一 二 三 四 五 六 七 八 九

卅十卒九　卅十八　卅四三　十五卅　九十

夫妻同戊辰　註定
長夜夢覺　鼠化為乾
命當有寅申巳亥師　方准
父亡甲年　合數
鳳展其翅　乘風而起便飛騰
小人相欺　囊中有失
蒼蠅撲面　未得其隙

八百四十

翁属牛　牯属鼠

一　許君一子送終　行看麟兒呈祥

二　亂馬当頭　名利有成

三　の十二　万里晴空　一輪明月

四　廿八又　出水芙蓉色之鮮　鳩声喚出雨如烟

五　の十三の　日之夕矣　山陰道上未能逐

六　室人羊猴配　白髮自前定

七　の十九　夜間听隻鷓鴣之啼　有客逢之貴所思

八　卅三　明月之昇　其光斷元

九　夫命庚午生　前定

八百五十

一	四千千九	連日陰霾	浮云捲去日光開
二		玉堂金馬	仙品无儔
三	七千八又	良人有刑	再嫁丙子生
四	二千卅九	急水之处	舟有破漏
五	五千四三	一朵名花	風雨恨相催
六		夢中顛倒	得人推醉
七	卅四三	妻命乙未生	前宮姻緣
八		禹門振動	波浪起魚龍
九	七千千九	舟至浅灘	午潮止居

八百六十

數	號	詩
一	四千四三	道路有坎坷　行人仔细看
二	八千八七	良人有刑　再嫁庚寅生
三	二千卅九	如何塞北独高春　二月中旬艸不生
四	卅八七	飛起風云会　飛騰至九天
五		呼之輙應　天道從人
六		文星照人　鬼走便成功
七		
八	廿四三	画策偏放　堅其壁壘
九		將星光顯　威重三軍

八百七十

兄弟三人　中斷惜離群

一　數有九子　送終只三

二　甲卯　奔走風塵　高低未平

三

四　辛辛九　功成業就　足暢所懷

五　甲戊　杯酒吟風弄月　二三知己相尋

六　九子屬星　前定

七　甲辛九　風恬浪息　便好行舟

八

九　二十二　福星佑人　逢凶有救

八百八十

一 二 三 の 五 六 七 八 九

卅の三 十大卅 の千八七 の千大卅 廿八七 本の三 八千二

霜飛鴛鴦尾
明珠沉淵
昆鵬有健翼
有意栽花
妻命屬木
碧桃花下過
師命該辰戌丑未

粧閣生寒
光輝掩于水底
風起便飛騰
会見上林好景
合數
紅泪湿罗衣
此數方准

八百九十

一	卅六	得意馬歸	踏遍長安春色
二		公輸之巧	難免其勞
三		父屬虎	母屬犬
四	夲十の三	百歲如歸律	春色向黃粱
五	日十二二	夢入南柯去	不必向黃粱
六	夲十九羊	行到水窮	白雲初起
七		有古今才	何當命薄
八	日十一二	墻桃三結子	丹桂一枝開
九	二十の三	花徑陰移	恍惚生怨

九百零

一 二 三 四 五 六 七 八 九

六十八七

三十八七

四十八七

圣恩欽点
夫命甲子生
高山正嵯峨
爵居方伯
朔風嘹哨
五人有刑
一夫又一夫

命是八座
前定
行人未易過
外台极品
白云夜飄
再娶甲申生
数内犯刑多

九百一千 二十二 喜鵲連声叫 家丁必定添

一 子息招來姓氏朱 定然海內独争强

二

三 六十の三 山高水深 舟車未可行

の 翁屬牛 姑屬羊

五 二十九 卅九 紅鸞照命 應該得子

六 三十二 滾滾財源 室中自实

七 四十三の 惟爲善慶 可免灾罹

八 の十九 四十

九 三十の三 秋風報信 丹桂一枝朱

九百二十

一 二 三 の 五 六 七 八 九

卒十二

卒十七八

の卒十二

卒十八

三の

身心不快事偏多

憂心悶悶

戊年之年

陸地行舟

智已相尋送病魔

未能舒怀

瓊林会宴

大費推移力

九百三十

一 二 三 の 五 六 七 八 九

の十八七

日十十二

六十九 七十九

十 廿九

翁屬牛
慶云吉祥
兄弟六人
晝夜平分
九子屬木
春光佈滿
蘂荷出水

此屬犬
望白桂香來
准數
遍護物色
合數
萬物滋榮
脫却泥末

九百四十

夫大二十八年　数定

一　十八　髗頭消息到　先報一枝梅

二

三　廿の三　呼童促行李　不及向東君

の　惟人牛鬼許　無傷可到頭

五　旅人岐路　三馬斜陽

六　卒十八廿　夫妻同癸亥　前定

七

八　廿十卒九　疾風怒號　濁浪波濤

九　十二

九百五十

一 二 三 四 五 六 七 八 九

二十八七 四十八二 三十九 七十 四十八七 二十八二 四十四三

岩房中人 勿履其尾

父命属犬 合数

禍患捐彼 暴雨疾風

加恩深处 又招其怨

夫妻同戊寅 前定

秋潭月色 上下清光

鄢林飛一彈 幸不被重喪

西房于墙下 有鶩而无害

九百六十

一 二 三 の 五 六 七 八 九

六十の三
卅ご
の十八子
六十八乂
の十四十九
三十九の十

赤月走長途
九子屬水
星光微渺暗中行
聰明運不行
兄弟六人
玉人有刑
羝羊觸人

綠陰下且休足
數定
暮逢知己点紅灯
謀遂恨無憑
梟秦几般音
再娶三年丑
王人三咎

九百七十

一 四千四六
花遭風雨惡
南枝先謝落

二 二十九 卅九
翁屬午
妣屬豬

三
畫堂春暖
夜叢鵑聲泣泣

四 一二
歲末神逢
提防莫忘

五
其人之數
七月而逝

六
數有父母之稱
謹守

七 三十又卅
經營千倍利
馬足遍黃塵

八

九 二十四三
梨花成陣
片片白雪飛

九百八十

一 二 三 四 五 六 七 八 九

二十四刻 七十四刻 九十四刻 七十四刻

良人有刑　再嫁丁丑生

其數已完　註定

夫妻同甲午　前定

馬歸無阻又加鞭　奔走風塵路八千

向名與利　兼取有益

常享其呈　家室穩享

九百九十

一二三四五六七八九

四十九 二十九 卅 六十一 二 六十八 廿十二

良人表青鋒　我命數逢凶
行人將渡関　盟結相掙𢥞
五人有刑　再娶乙未生
紅鸞相照更添財　丁口相增喜事来
山溪盡处　猜而復通
血刃交加　蛇頭鼠尾
卯与楚戰　自建其禍